AF554362

I.

ÉLOGE

DE MAIRAN.

ÉLOGE
DE MAIRAN,

DE L'ACADÉMIE FRANÇAISE, SECRÉTAIRE PERPÉTUEL DE L'ACADÉMIE DES SCIENCES, ETC., ETC.;

PAR

l'Abbé L. SABATIER,

Chanoine honoraire de Montpellier, et Curé de Sainte-Anne de la même ville;
Membre correspondant de la Société des Sciences et des Arts de Grenoble.

Dédié à M. VIENNET, de l'Académie Française et Pair de France.

Lectorem delectando, pariterque monendo.
HORAT.

MONTPELLIER.
BOEHM ET Ce, IMPRIMEURS DE LA MAIRIE, BOULEVARD JEU-DE-PAUME.
1842.

ÉLOGE

DE MAIRAN.

Lectorem delectando, pariterque monendo.
HORAT.

RELEVER la gloire d'un grand homme, c'est une justice que nous devons à sa mémoire, à son mérite éminent; louer un savant, un grand écrivain, c'est montrer la science, la littérature dans toute leur splendeur, présenter aux hommes appelés à une brillante destinée le modèle qu'ils doivent imiter, le but où ils doivent tendre, la célébrité qui doit couronner leurs nobles efforts. Nous attachons à l'éloge de Mairan cette haute importance, cette puissante influence, ces résultats heureux. Montrer Mairan tel qu'il est, c'est offrir aux jeunes gens qui aspirent à la gloire, celui qui doit les diriger dans la carrière des sciences et des lettres ; c'est rétablir la mémoire de l'homme le plus extraordinaire, le plus étonnant qui peut-être ait jamais existé, rendre un hommage solennel au génie et à la vertu, répondre aux vœux de tous les grands hommes, de tous les grands écrivains, bien mériter du monde savant, de tous les peuples et de tous les siècles.

Quelle vie, en effet, présenta jamais un tableau plus vaste! Que de merveilles renferme cette longue carrière si brillante et si féconde! Qui pourra suivre ce grand génie dans ses élans et ses conceptions admirables? Qui pourra embrasser l'étendue de ses travaux, l'universalité de ses connaissances, les conquêtes de son esprit, les services importans qu'il a rendus à la science, et raconter les prodiges de son éloquence?

L'entreprise paraît difficile, insurmontable. Elle demande des recherches immenses ; une étude sérieuse et approfondie des ouvrages innombrables qu'il a enfantés; une patience des plus constantes pour le suivre pas à pas dans ses expériences, ses tentatives hardies, ses théories fécondes; une attention des plus soutenues pour pénétrer ses systèmes; un temps infini pour parcourir tous ses titres scientifiques et littéraires, dispersés dans l'histoire de l'Académie, dans les écrits du temps, dans une foule d'ouvrages qui proclament à l'envi le nom, le talent, la gloire de Mairan.

En essayant de crayonner cet éloge, nous obéissons à un sentiment bien respectable. Nous nous félicitons d'avoir avec Mairan la même patrie, à laquelle nous voulons procurer une nouvelle gloire en célébrant le plus illustre de ses enfans. Nous suivons l'impression profonde que vient de faire sur nous la lecture de ses ouvrages immortels; nous cédons au charme puissant des beautés ravissantes que nous offrent ses divers écrits.

Heureux, si nous saisissons bien le génie de Mairan, la trempe de son esprit, la profondeur de sa science, le cachet de son style et les vrais fondemens de sa gloire!

La vie de Mairan et la nature de ses ouvrages nous présentent le savant distingué, le tableau de ses découvertes, de ses conquêtes scientifiques. En méditant ses écrits, on est frappé de la beauté de son élocution, de la perfection de son style; on admire une éloquence majestueuse qui rappelle celle des orateurs d'Athènes et de Rome.

C'est sous ce double rapport que nous allons considérer Mairan. Son éloge nous présentera donc le savant et le grand écrivain.

PREMIÈRE PARTIE.

Jean-Jacques d'ORTOUS de MAIRAN naquit à Béziers, en 1678, d'une famille noble. A l'âge de 4 ans, il eut le malheur de perdre son père. Comment ne point s'attendrir sur cet enfant, appelé à recueillir tant de célébrité et de gloire? Une mère capable de lui inspirer les plus beaux sentimens peut le consoler de cette perte; mais, hélas! à peine âgé de 16 ans, il est privé de sa tendresse, de ses leçons et de ses exemples! Périra-t-il donc ce jeune orphelin destiné à être l'ornement de son siècle, ou bien deviendra-t-il la proie du vice et de la corruption? Ne craignez rien. Dieu lui inspire l'amour de l'étude, ce penchant des grandes âmes. Le désir impérieux de connaître, d'approfondir tout, le mettra au-dessus des dangers du monde. Cette passion fera de lui un grand écrivain et un savant des plus distingués.

Déjà on remarque dans le jeune Mairan une grande aptitude à apprendre, une imagination vive et réglée, une pénétration rare, un jugement solide, une force de raison qui étonne, une intelligence au niveau des difficultés les plus hautes, les plus inaccessibles ; qualités qui sont autant de présages de sa brillante destinée. Bientôt il faut à son génie un plus grand théâtre; c'est dans Toulouse qu'il va perfectionner, compléter ses études. Ses pas sont si rapides, ses succès si grands, que, quatre ans après, il possède parfaitement la langue d'Homère. En arrivant à Paris, il est capable d'expliquer à livre ouvert un auteur grec en présence de Malebranche. Quel juge!... Ce savant, qui remplissait alors le monde du bruit de son nom, fut transporté de joie en voyant la capacité du jeune Mairan, et annonça dès-lors sa gloire future.

Quatre ans de séjour dans la capitale lui font sentir tout ce qu'il lui manque encore. En fréquentant les premiers savans de l'Europe, il comprend par quels travaux et quels sacrifices il lui sera donné de prendre place parmi eux. Il se sent un attrait irrésistible pour les mathématiques et la physique, et se fait initier dans les mystères de ces sciences.

En 1702 il revient à Béziers. Là, pendant douze ans, il se livre aux études les plus profondes, n'accordant à la société que les momens qu'il n'aurait pu lui enlever avec bienséance. Admis à la table de l'Évêque, chaque jour, à la même heure, Mairan s'arrache aux entretiens de celui qu'il chérit comme un père. Ce pontife, qui sait apprécier son mérite transcendant, n'ose, par respect pour son glorieux avenir, s'opposer aux goûts de ce jeune philosophe, à son amour, à son ardeur pour la science.

Il me semble voir le jeune Mairan au milieu des riches campagnes de Béziers, de ces lieux enchanteurs, se pénétrer de toutes les beautés de la nature ; il me semble le voir les yeux fixés sur ce vaste tableau, méditer ce grand livre, remonter par la pensée jusqu'à l'Auteur de toutes ces merveilles pour lui en faire hommage ; il me semble le voir dans cette vallée agiter les plus grandes questions ; sur ce rivage, faire les plus belles découvertes ; sur cette montagne, trouver la solution d'un problème ; à l'ombre de ces arbres, chercher à porter plus loin la puissance de la géométrie ; sur tous ses pas, jeter les fondemens de ces ouvrages qui doivent le rendre immortel ; dans sa maison, que j'appellerais volontiers le sanctuaire de la science, je le vois se rendre compte de ses impressions, entasser ses recherches, mettre en réserve les germes de ces découvertes, qui doivent avoir des résultats si beaux et si glorieux.

Après douze années d'étude et de méditations, il va se faire connaître au monde savant.

Nous allons le voir s'élancer dans les régions les plus élevées de la science, sans autre guide que son génie ; dérober à la nature ses secrets, ses mystères, les mettre à la portée des esprits les plus vulgaires, les faire rayonner d'évidence et de lumière.

Son premier essai est un coup de maître, son premier pas un triomphe. En 1714, l'Académie royale de Bordeaux propose pour matière de concours l'explication des variations du baromètre. Mairan est proclamé vainqueur ; son mémoire est couronné en 1715.

Il donne pour cause des variations du baromètre, ces vapeurs ou ces émanations qui montent sans cesse du centre vers la circonférence du globe; mais qui montent quelquefois en plus grande quantité et avec plus de force, comme il arrive pendant les tempêtes, les éruptions des volcans et les tremblemens de terre, où le baromètre baisse presque subitement, et beaucoup plus qu'il n'a coutume de le faire dans ses variations ordinaires. Ce fluide, dirigé de bas en haut, doit soutenir ou diminuer d'autant le poids ou la tendance de l'atmosphère de haut en bas, et obliger le mercure du baromètre qui lui fait équilibre, à descendre selon que la tendance contraire est plus grande, ou qu'elle résulte d'un fluide plus dense ou plus abondant.

Après ce premier triomphe, il court à une nouvelle victoire. L'année suivante, une dissertation sur la glace, proposée par la même Académie, lui valut une seconde couronne. Dans cet ouvrage, on voit son génie prendre un nouvel essor et dévoiler en lui le physicien célèbre. On admire dans ce mémoire sa facilité, son amour pour les expériences, l'art de revêtir des plus belles couleurs les objets qui semblent se refuser à tout ornement.

La première partie de cet ouvrage comprend la théorie de la formation de la glace; la seconde, l'explication particulière de ses principaux phénomènes.

Pour découvrir de quelle manière se forme la

glace, il parle d'abord de la nature des liquides, de la différence des liquides et des fluides, des parties intégrantes d'un liquide. Il en vient ensuite à la formation de la glace; il l'attribue à la diminution du mouvement de la matière subtile, au vent qui chasse violemment l'air qui touche la surface du liquide, et qui substitue à la place de cet air chassé un autre plus froid et plus dense, et tel qu'il le faut pour procurer la congélation.

Il parle de la différence des congélations, selon la différence des liquides en général. Pour expliquer les phénomènes de la congélation, il considère la glace dans ses commencemens, dans sa perfection et dans sa destruction ou dans le dégel.

1° Les phénomènes de la congélation, dans ses commencemens, sont : les premiers filets de la glace, les bulles d'air qui se voient dans l'eau quand elle commence à se geler.

2° Voici les phénomènes qu'il observe dans la glace déjà formée : sa pesanteur et son volume, sa résistance, son goût, sa transparence et sa couleur, sa réfraction et ses figures.

3° Les phénomènes de sa destruction sont : la lenteur avec laquelle elle se fond ; l'évaporation qu'elle subit ; le dégel.

Peut-on suivre la glace plus loin que son commencement, son milieu et sa fin? Oui ; Mairan la suit au-delà de la nature, pour l'y retrouver dans sa génération artificielle par le moyen des sels.

Il serait à souhaiter, dit le Journal des Savans, que l'on publiât souvent des dissertations physiques aussi solidement écrites que celle-ci, et qui se soutinssent aussi parfaitement dans toutes leurs parties (1). Ouvrage excellent, d'après les Mémoires de Trévoux, et d'une saine physique, qui ne peut concourir désormais pour le prix, c'est-à-dire pour l'estime publique, qu'avec les autres ouvrages de l'auteur (2). « Son génie, dit Châteaubrun, donne à sa physique une plus grande étendue dans son Traité de la glace, par la voie de la congélation et du dégel. Il analyse tous les corps, il en pénètre la nature, il en compose l'univers. Il laisse à la raison humaine tous ses droits; il n'en condamne que les abus (3). » Cet excellent morceau de physique fut traduit en allemand et en italien (4).

Ces deux premières pièces furent réimprimées à Béziers, tant l'édition en fut enlevée promptement.

En 1717, il remporta le prix par un Mémoire qu'il fit sur les phosphores et les noctiluques, dans la même Académie de Bordeaux.

Mairan commence par adopter un système sur la nature et la propagation de la lumière. Il en

(1) *Journal des Savans;* mars 1719, pag. 193.

(2) *Mémoires des Sciences;* année 1750, pag. 1494.

(3) Châteaubrun, dans son *Discours* en réponse à celui de l'abbé Arnaud, le jour de sa réception.

(4) *Dictionnaire historique*, par une Société de gens de lettres (article *Mairan*).

fait ensuite l'application aux phosphores et aux noctiluques.

Il entend par phosphore un corps ou une matière qui brûle ou qui devient lumineuse, sans qu'elle ait besoin d'approcher d'aucun feu sensible.

Il y a des phosphores naturels et des phosphores artificiels. Les phosphores naturels sont ceux qui, sans l'aide de l'art et en de certains temps, deviennent lumineux sans brûler; car ils ont cela de particulier qu'ils ne luisent pas toujours, et qu'ils n'ont aucune chaleur sensible.

Il y a des matières qui ne sont lumineuses que dans le moment qu'elles sont frottées ou agitées.

Il y a des noctiluques qui consistent en des exhalaisons sulfureuses qui s'élèvent et qui s'enflamment dans l'air. On les appelle des ardens ou feux folets.

Les phosphores artificiels sont des matières qui deviennent lumineuses par le moyen de quelques préparations chimiques. Il y en a de brûlans et de lumineux tout ensemble. Il y a des phosphores artificiels qui n'éclairent que quand on les frappe avec quelque corps dur; il y en a d'autres qu'il faut seulement agiter. Quelques-uns brûlent les matières combustibles qu'ils touchent lorsqu'on les expose à l'air libre, et quelques autres s'enflamment par le mélange de certaines liqueurs.

Les phosphores, soit naturels, soit artificiels, sont des matières onctueuses et où le soufre domine plus que tout autre principe. Les brûlans, outre le soufre, contiennent beaucoup de corpuscules salins, et ils ont besoin, pour allumer les matières sur lesquelles ils s'appliquent, d'être exposés à l'air, ou d'être arrosés de quelque liqueur qui leur cause une fermentation subite ou violente, ou, comme on l'appelle, une effervescence.

Les phosphores que l'on remarque dans les animaux, sont formés par la sécrétion de quelque suc huileux, qui a circulé avec les liqueurs qui leur tiennent lieu de sang, ou par des particules grasses et sulfureuses qui se détachent de leur peau, dans le mouvement que leur cause l'agitation des esprits et quelquefois la simple transpiration.

Les phosphores naturels dont la matière est dure et solide, tels que les métaux, le diamant, ne sont phosphores que pendant qu'ils sont excités et échauffés par le frottement.

Les phosphores artificiels, excepté celui du mercure, sont composés de matières qui ont passé par le feu et qui ont reçu diverses modifications.

De toutes ces observations, l'auteur conclut que la lumière des phosphores et des noctiluques est produite par un mouvement de leurs soufres assez grand pour dégager ces soufres des matières hétérogènes qui les embarrassent, et pour les faire élancer à la ronde, mais renfermé néanmoins dans de telles bornes, qu'il ne les dissipe pas trop promptement, et qu'il ne les réduit qu'en des globules d'une grosseur suffisante pour agir sensiblement sur l'organe.

En voyant Mairan traiter la nature des phosphores avec tant de clarté et de profondeur, avec un style si abondant, si philosophique, épuiser cette question de physique, la développer avec tant de science et d'érudition pour son temps, faut-il s'étonner qu'il ait remporté le prix? Faut-il être surpris que cette Académie, effrayée de son savoir et de son beau talent, l'ait prié de ne plus concourir? Nul n'ose se mesurer avec lui. Les juges eux-mêmes, après l'avoir couronné trois fois, le dispensent de combattre, l'admettent dans leurs rangs : distinction honorable qui vaut bien une quatrième couronne, et qui l'élève au-dessus de ses concurrens et de ses juges.

Terminons par ces paroles si belles, si flatteuses d'un journal célèbre : « L'Académie a prié M. de Mairan de ne plus concourir pour le prix; il n'abandonnera pas la physique; le public perdrait trop, s'il enfouissait les talens qu'il a pour éclaircir les secrets de la nature les plus cachés, pour les pénétrer lui-même et pour les faire comprendre aux autres (1). »

Tandis que par ce triple triomphe Mairan forçait l'Académie de Bordeaux à lui ouvrir ses portes, il s'était déjà préparé une place dans l'Académie

(1) *Mémoires de Trévoux;* année 1717, pag. 1885.

royale des Sciences, par trois Mémoires remarquables qu'il avait eu le soin de lui soumettre. Dans le premier de ces Mémoires, il s'était proposé la solution du problème de la roue d'Aristote : problème qui, depuis ce grand philosophe, avait exercé la sagacité des savans, des mathématiciens et désespéré leurs recherches.

On savait bien qu'un cercle qui avance en ligne droite sur un plan, et qui tourne en même temps autour de son centre, décrit sur ce plan une ligne droite égale à sa circonférence. Lorsque ce cercle emporte avec lui un plus petit cercle qui lui est concentrique, et qui n'a d'autre mouvement que celui qu'il emprunte du premier (ce qu'on voit dans une roue de carrosse, qui emporte son moyeu), celui-ci décrira une droite égale non à sa circonférence, mais à celle de la roue, puisque c'est le même centre qui avance en ligne droite, dans l'un et l'autre cas. Mais comment concevoir que la petite roue, infiniment plus petite, puisse parcourir autant de chemin que la grande ? Aristote avait senti cette difficulté sans la résoudre ; Galilée et le père Tacquet l'avaient tenté inutilement : elle va s'évanouir devant le génie de Mairan. Il démontre que la petite roue a un autre mouvement que le roulement, le mouvement de glissement ou de razion ; mouvement qui ne doit point paraître puisqu'il est mêlé avec le roulement par *intima*, et qu'il l'affecte à chaque instant infiniment petit. Ainsi

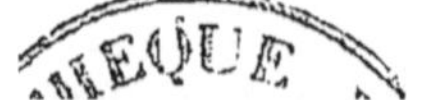

Mairan parvint à résoudre ce problème qui avait paru insoluble à Aristote et à tous les savans. Cette découverte est un de ses plus beaux titres de gloire; elle l'élève au-dessus de Pascal, qui trouva par lui-même jusqu'à la trente-deuxième proposition du premier livre d'Euclide, ce qui était déjà connu, et Mairan a trouvé ce qui avait été jusqu'alors impénétrable, inaccessible à l'esprit humain.

« J'ai vu, lui écrivait Voltaire, j'ai vu le prétendu merveilleux de la roue d'Aristote réduit aux lois mathématiques. Il est clair que vous avez très-bien expliqué ce qui était échappé à Tacquet et aux autres (1). »

Voilà donc, s'écrie Fontenelle, voilà donc à ce qu'il paraît, une fausse merveille absolument dissipée. Et M. d'Ortous de Mairan a bien démêlé une vérité, qui non-seulement était cachée par elle-même, mais à laquelle de puissans préjugés semblaient défendre qu'on aspirât. On ne doit ni s'assurer aisément de voir ce que les plus grands hommes n'ont pas vu, ni en désespérer entièrement (2).

Le second Mémoire contenait une question d'histoire naturelle. A Agde, vers l'embouchure de l'Hérault, cette rivière avait baissé tout d'un coup; les eaux étaient restées un quart d'heure dans cet abaissement; après quoi, se mettant à hausser pendant un autre quart d'heure, elles étaient revenues

(1) *Correspondance générale*, tom. Ier, pag. 219.

(2) *Histoire de l'Académie des Sciences;* 1715, pag. 30.

à leur place. Mairan pense qu'on peut assez naturellement attribuer ce phénomène à un tremblement de terre, qui n'aura été qu'au fond de l'embouchure de la rivière et de la mer. Il aura tout d'un coup abaissé le terrain qui portait la rivière, et l'aura ensuite relevé et mis dans son premier état (1).

Mairan envoya encore à l'Académie des Sciences une relation sur une corne de bœuf, qui paraissait avoir végété en terre. Cette corne fut arrachée avec la charrue par un laboureur, près de Béziers. De sa base partaient une quantité prodigieuse de filets qui avaient l'air de racines fraîches, succulentes et pleines de vie dans les premiers temps, et faisaient naître d'abord l'idée d'une végétation. Mairan se désabusa bientôt. Il démontre que ces fausses racines sont une vraie production animale. « Quelques insectes inconnus et souterrains qui font des coques comme les chenilles, se seront, dit-il, amassés en grand nombre autour de la corne, se seront nourris de sa substance, et y auront attaché leurs coques qu'ils auront ensuite filées et bâties à leur manière. Les insectes en seront peut-être sortis sous quelque autre forme, ainsi que tant d'autres, qui ne bâtissent des coques que pour se préparer à leur métamorphose (2). »

Il fallait que son esprit fût profondément versé dans l'histoire naturelle, pour démêler et connaître

(1) *Histoire de l'Académie des Sciences;* 1715, pag. 9.

(2) *Ibid.;* 1717, pag. 11.

l'œuvre de ces insectes, déjà passés à une nouvelle transformation.

Voilà les six ouvrages qu'il composa à Béziers; productions capables d'établir la célébrité d'un savant, mais qui ne furent pour Mairan que le prélude d'une plus grande gloire. C'était prendre congé de sa patrie d'une manière bien solennelle.

Ces trois Mémoires et le triple triomphe qu'il venait de remporter à Bordeaux, l'avaient placé bien haut dans le monde savant. Son nom était déjà prononcé avec respect dans le sein de l'Académie des Sciences; cette société était impatiente de le voir au nombre de ses membres. A peine arrivé à Paris, il obtient la place d'associé-géomètre, vacante par la mort de Guisnée, le 24 décembre 1718, sans avoir passé par le grade d'adjoint. Sept mois après, il est choisi au milieu de mille compétiteurs, le 8 juillet 1719, pour remplacer M. Rolle, qui, accablé d'années et d'infirmités, demanda et obtint sa retraite. L'Académie crut qu'une très-grande capacité pouvait compenser la brièveté du temps. Le génie de Mairan força cette société savante à déroger aux coutumes et aux lois les plus invariables.

L'année suivante, il commença à donner les principes de sa savante théorie sur la cause du froid et du chaud, qu'il continua en 1721, et à laquelle il ne donna la dernière main qu'en 1765. Avant Mairan, on avait placé la cause de cette variation de température dans la plus grande et la moindre hauteur du soleil. Il ose, le premier, porter sur cet objet des regards plus philosophiques, et démontre que le soleil n'est point l'unique cause qui agit dans ce phénomène, qu'il n'y joue pas même le rôle principal; qu'il y a un fonds de chaleur qui paraît venir du centre de la terre, beaucoup plus considérable que celui qu'elle reçoit de l'action du soleil. « Tout » nous persuade, dit-il, que la terre et l'air qui » l'environne, ont un principe d'agitation et de cha- » leur qui n'est pas assujetti à la vicissitude des » saisons. Les caves de l'Observatoire, les mines » et la plupart des lieux un peu profonds, où le ther- » momètre demeure presque toujours à la même hau- » teur, tant en hiver qu'en été, les inflammations » souterraines des matières sulfureuses et bitumi- » neuses qui se manifestent dans les volcans, et mille » autres phénomènes, en sont une preuve incontes- » table. »

Pour appuyer son assertion, il calcule géométriquement l'action du soleil, embrassant dans ce calcul la perte des rayons causée par la plus grande ou la moindre épaisseur d'air qu'ils ont à traverser, la longueur des jours, et une infinité de circonstances qui doivent être l'objet d'une telle opération. Il démontre qu'il s'ensuivrait que la différence entre la chaleur de l'été et celle de l'hiver, à Paris, serait à peu près comme 17 est à 1; tandis que les observations du thermomètre, continuées depuis plus de cent ans, ne la donnent que dans la raison de 31 à 32. Il y a donc un fonds de chaleur centrale, et la force de ce feu central est exprimée par un nombre tel, qu'en lui ajoutant 17 d'une part et 1 de l'autre, on ait pour la chaleur des deux solstices deux nombres dans le rapport de 32 à 31 donné par le thermomètre. C'est par ce feu central et la différente épaisseur de la croûte solide qui l'enveloppe, qu'il explique le phénomène surprenant de l'égalité de la chaleur moyenne de l'été dans tous les climats, donnée par toutes les observations du thermomètre, tandis que les hivers y sont si prodigieusement différens : ce qu'il prouve encore par les sommets des montagnes les plus élevées, où se fait sentir un si grand froid, même dans les pays les plus chauds ; froid qui est produit par la petite quantité de ces émanations centrales qu'elles reçoivent. Il serait difficile de trouver un morceau de physique aussi bien lié, aussi attentivement travaillé et aussi solidement appuyé, que l'est l'ouvrage de Mairan.

Plus une question est ardue, et plus il brûle de la résoudre ; les difficultés irritent son génie. Les nuages ont beau se former, les ténèbres devenir plus épaisses ; les obstacles l'enflamment. Avec les ressources de son intelligence, il attaque cette nuit sombre, il perce l'épaisseur des nuages, et comme le soleil, après avoir vaincu la nue, il répand la clarté, des torrens de lumière.

Depuis 1722 jusqu'à 1740, je le vois occupé d'un

grand travail de la réflexion des corps. Ce sujet, qu'on ne croyait susceptible d'aucune discussion, devient entre ses mains une théorie générale et lumineuse. Il démontre que la réflexion ne peut avoir lieu qu'en supposant des corps à ressort, et que le plan sur lequel tombent ces corps soit inébranlable, ou que seulement le corps choqué ait une masse assez grande relativement à l'autre, pour qu'il ne puisse en être sensiblement déplacé. L'égalité d'incidence et de réflexion exigerait un ressort parfait, qui n'existe peut-être nulle part dans la nature. Si les rayons de lumière paraissent suivre cette loi, ils le doivent à leur extrême vitesse, à leur ténuité et au peu de résistance qu'ils éprouvent. En supposant le plan choqué, mobile et capable de sortir du plan horizontal où on l'a d'abord supposé, la réflexion diminue toujours son angle, et le déplacement du plan réfléchissant peut être tel, que le corps qui le choque se réfléchisse en dessous, ce qui est le cas de la réfraction, qui, par cet ingénieux système, ne devient qu'un cas particulier. Il en déduit les courbes qu'offre à l'œil le fond supposé d'un vaste bassin rempli d'eau, celle de la voûte apparente des cieux; principe fécond qui, en des mains si habiles, aurait pu épuiser toute la théorie de la réflexion et de la réfraction, si une telle matière n'était par elle-même inépuisable.

En 1721, pour prévenir les plaintes du commerce et les fraudes des marchands, le Gouvernement fournit à Mairan l'occasion de faire briller ses talens. L'Académie des Sciences le nomme commissaire avec Varignon, pour corriger les erreurs commises dans le jaugeage des vaisseaux. Les deux commissaires visitent ensemble pour cet objet les ports principaux de la Méditerranée. Or, il ne s'agit pas seulement ici de mesurer toute la capacité d'un navire, mais celle qu'y occupent les marchandises seules soumises aux droits. Il faut trouver l'espèce de tranche du navire comprise entre le plan de flottaison et ce même plan lorsqu'il est chargé. Mairan adopte, comme la meilleure, une méthode proposée par M. Hocquart, intendant de la marine, à Toulon; par les améliorations qu'il y apporte, par ses soins et ses efforts, il la conduit à un état de perfection propre à faire disparaître, autant qu'il était possible, les erreurs et les fraudes qui jusqu'alors avaient désolé et ruiné le commerce. Il soumet son plan à l'Académie, avec l'application de ses principes. Elle l'approuve, le préfère à celui de Varignon, donne à Mairan les plus grands éloges, les témoignages les plus flatteurs. Deslandes, qui avait osé critiquer son travail en termes peu mesurés, est obligé de lui faire à lui et à l'Académie une réparation publique et solennelle.

Quoique fixé à Paris, Mairan n'oubliait point sa patrie. Dans un voyage qu'il fait à Agde, il se rend à Béziers. Là, il jette les fondemens d'une Académie destinée à répandre dans les provinces méridionales le goût des sciences exactes. Il entraîne plusieurs de ses amis dans cette noble entreprise. La première assemblée se tient le 13 août 1723, avec la permission du Roi, et sous la protection du cardinal de Fleury, alors premier ministre. Cette Académie devint bientôt célèbre; et, en 1766, Mairan eut la douce satisfaction de lui procurer des lettres-patentes qui lui assuraient la pérennité et le titre d'Académie royale. Heureux de joindre ainsi à la gloire qu'il s'était acquise dans les sciences, celle d'être le fondateur d'une Académie qui devait jeter un si grand éclat! Hélas! cette savante Académie n'existe plus. Quelle perte pour Béziers! Mais, ce qui doit lui donner l'espoir de la voir revivre un jour, c'est cette Société de savans qui vient de se former dans son sein. Par ses travaux et ses découvertes, elle obtiendra le privilége d'être érigée en Académie royale, et Béziers recouvrera son ancienne splendeur et sa gloire scientifique.

Arrivé à Paris, il reprend ses travaux avec une nouvelle ardeur. En 1725, de Lisle, géographe, avait donné un plan de Paris divisé par des méridiens et des parallèles en rectangles, qui lui avait servi à comparer l'étendue de plusieurs grandes villes, et surtout celle de Londres avec cette capitale. Il résultait de cette comparaison, que Paris était d'un vingtième plus grand que Londres. Davall, de la Société royale de Londres, ose s'élever contre de Lisle, l'accuse d'avoir commis une erreur dans cette recherche, et prétend que Paris, bien loin de se trouver plus grand que Londres, serait au contraire plus petit d'un quatorzième. Mairan, voulant venger la gloire nationale et la mémoire d'un ami, entreprend de réfuter Davall. L'Europe savante attend en silence l'issue de ce combat. Mairan démontre que de Lisle n'a point commis sur son plan la faute que lui reproche son adversaire; que le Mémoire où elle se trouve ayant été imprimé après sa mort, on ne saurait sans injustice le rendre responsable d'une méprise qui n'existe point sur le plan primitif. Et enfin, en homme sûr de la force de ses armes, il accorde pour un instant que de Lisle ait commis en effet cette erreur; il soutient que son adversaire ne peut en tirer aucun avantage, puisqu'elle doit influer nécessairement sur l'étendue des deux villes mesurées par cette même échelle, et n'altérer en rien la proportion trouvée par de Lisle. Tout le monde applaudit à la victoire de Mairan, et son Mémoire resta sans réplique.

L'ouvrage où Mairan a le plus déployé de science, de connaissances rares, fait preuve d'un grand talent et d'une haute capacité, est son Traité physique et historique de l'aurore boréale, publié en 1731. Il est divisé en cinq sections.

La première offre l'histoire et la description de la lumière zodiacale ou de l'atmosphère solaire, c'est-à-dire, une matière rare et ténue qui environne cet astre, et qui est en plus grande abondance et plus étendue autour de l'équateur que partout ailleurs.

Dans la seconde, il rectifie l'idée qu'on avait du lieu où ce phénomène se montre et où il se fait voir; il y traite de l'atmosphère terrestre et de sa hauteur, de la région qu'y occupent les aurores boréales, et de l'exclusion que cette circonstance donne à quelques causes auxquelles on les a attribuées.

Dans la troisième, il parle de la formation de l'aurore boréale et de ses différentes parties. Il prouve que le véritable siége du phénomène est au pôle ou du moins aux régions polaires. Rien n'est beau comme la description qu'il nous donne de l'aurore boréale. Le commencement du phénomène a lieu deux, trois ou quatre heures après le coucher du soleil. D'abord, c'est une espèce de brouillard assez obscur que l'on aperçoit vers le septentrion, avec un peu plus de clarté vers l'ouest, que dans le reste du ciel. Le brouillard se range communément sous la forme d'un segment de cercle étendu sur l'horizon, et dont l'horizon fait la corde. La partie visible de sa circonférence se trouve bientôt bordée d'une lumière blanchâtre, d'où résulte un arc lumineux ou plusieurs arcs concentriques. Après cela viennent les jets et les rayons de lumière diversement colorés qui partent de l'arc ou plutôt du segment obscur, où il se fait presque toujours quelque brèche éclairée, de laquelle ces rayons paraissent sortir. Quand le mouvement augmente, on aperçoit un mouvement général et une espèce de trouble dans toute sa masse, tant à cause des brèches fréquentes qui se forment et se détruisent successivement, que par les vibrations et les éclairs qui viennent frapper par secousses toutes les parties de la matière enflammée ou non enflammée. Ce n'est qu'après cette espèce d'incendie, qu'on a vu au zénith la couronne, ou ce point de réunion, où tous les mouvemens d'alentour paraissent concourir, et qui fait comme la clef de la voûte : c'est le moment de la plus grande magnificence du phénomène, tant par la variété des objets, que par la beauté des couleurs, dont quelques-uns se trouvent peints. Il ne fait après cela que se calmer et diminuer.

La quatrième section est consacrée à exposer les preuves historiques de son hypothèse. Là, il a recueilli, traduit, orné de remarques, tout ce qui se trouve sur cette matière de plus incontestable, dans Aristote, Cicéron, Pline, Sénèque et Julius Obsequens, Isidore de Séville, Grégoire de Tours, Lycostène, Corneille Gemma, médecin fameux, et Gassendi. Il y a dans tout cela des recherches, des combinaisons et un grand nombre de résultats, qui supposent beaucoup de travail et une sagacité peu commune.

La cinquième et dernière section traite succinctement et par manière de doutes et de questions, de quelques phénomènes qui n'ont qu'un rapport éloigné avec l'aurore boréale.

Est-il possible de mieux bâtir et de mieux conduire un système? Peut-on embrasser plus de questions? Peut-on porter plus loin les investigations? Quelle richesse! Quelle fécondité! Quelle profondeur de science! Que de connaissances suppose un tel livre! Quelle beauté de style! Quelle grandeur! Quelle magnificence dans les pensées et les images! Faut-il s'étonner que l'Académie, par honneur pour ce chef-d'œuvre, ordonne qu'au lieu d'un compte-rendu, on insère dans l'Histoire de l'Académie ce beau Traité tout entier à la suite des Mémoires, malgré l'usage contraire?

Son ingénieux système est aussitôt célébré par de très-beaux vers, par tout ce que la poésie a de plus brillant; nous voulons parler du poème du P. Noceti, jésuite, composé à Rome, suivi d'un commentaire fort savant du P. Boscowick, aussi jésuite (1).

Bien loin de craindre les objections, Mairan les recherche. Il provoque tous les savans de l'Europe, et tous ne lui répondent à l'envi que par des éloges. Euler seul, membre de l'Académie de Prusse, ose attaquer son système. Mairan le défend contre ce terrible adversaire avec force et d'une manière victorieuse : rien n'est plus digne d'admiration, que la lutte de ces deux hommes illustres, si haut placés dans la science. Je vois Mairan répondre aux obser-

(1) Ce poème se trouve à la bibliothèque du Musée de Montpellier. Les journaux du temps en firent un grand éloge. Il nous a paru fort beau, très-remarquable.

vations, réfuter les objections, expliquer les prétendus inconvéniens, pulvériser les difficultés, rester seul maître du champ de la science, où il vient d'élever un trophée dans cette hypothèse si hardie, qui deviendra un des principes les plus féconds de l'astronomie physique, et formera une époque dans les fastes de cette science.

Le Traité de l'aurore boréale, dit le Journal des Savans, fut regardé comme un monument précieux des découvertes dont la physique est redevable à notre siècle. On y admire cette profondeur dans les recherches, cette exactitude dans les raisonnemens, cette sagacité dans les discussions, ce talent merveilleux de rapprocher les objets, pour en saisir les rapports; enfin, cette méthode, cette précision, cette élégance qui n'appartiennent qu'aux écrivains du premier ordre (1).

C'est à la fois, dit Villemain, le livre d'un physicien, d'un érudit, d'un homme de goût. Le choix et l'examen des traditions, l'esprit philosophique, la clarté, l'agrément, font de cet ouvrage un modèle de justesse et de goût : c'est Fontenelle corrigé de quelque affectation (2).

Mairan ne mettra point de bornes à ses investigations; son esprit insatiable de vérité et de lumière, ne lui permet point le repos; après une décou-

(1) *Journal des Savans;* Septembre 1754, pag. 626.

(2) *Tableau de littérature française au XVIIIe siècle;* extrait du Cours, tome I, pag. 451.

verte, il court à la conquête d'une autre. Le doute le tourmente. Il ne sera heureux et content que quand il aura tout conquis, tout pénétré, tout dévoilé.

Après avoir expliqué l'origine, la nature, les effets des aurores boréales, il va détruire sans retour l'opinion de ceux qui prétendent que la terre tourne autour de la lune comme satellite, tandis que la lune tourne autour du soleil, et joue le rôle de planète principale. Il démontre qu'en admettant que la terre tourne autour de la lune, il en résulterait que le mouvement du soleil devrait nous paraître accéléré pendant quinze jours, et retardé pendant quinze autres jours; hypothèse contraire en tout à l'expérience, et conséquemment tout-à-fait fausse.

Les astronomes étaient divisés : les uns se trompaient en voulant que la lune eût une rotation sur son axe semblable à celle de la terre ; les autres erraient également, quand ils prétendaient qu'elle n'en avait aucune. Mairan se jette au milieu des combattans, met au grand jour leur ignorance, leur fait apercevoir dans la lune deux rotations : l'une indépendante du mouvement de translation, et l'autre semblable à celle que subit tout corps qui se meut dans une courbe rentrante, avec la condition d'avoir toujours le même de ses diamètres tangent à cette courbe, et que telle est la rotation de la lune. Par ces deux genres de rotations, il fait disparaître à jamais l'ambiguïté, les ténèbres que l'on avait répandues sur cette matière.

Harsoetker, en 1722, ose, dans un livre intitulé : Recueil de plusieurs pièces, attaquer ses trois dissertations qui ont remporté le prix à l'Académie de Bordeaux, et qui sont les plus beaux fleurons de sa couronne scientifique. Mairan fait une réponse pleine de dignité et de modération. En convenant que ces trois dissertations ne sont pas exemptes de fautes et d'imperfections, il prouve que la critique ne peut tomber sur les endroits signalés par son adversaire. Il lui reproche d'être peu exact dans ses citations, de montrer un amour-propre révoltant, qui le porte à établir ses principes, ses axiomes et ses définitions sur des exemples tirés de ses propres ouvrages. Il l'accuse de ne pas mieux traiter tous les grands hommes dont il censure les écrits, d'ignorer certains faits qu'il est indispensable à un critique de connaître. Dans cette fameuse querelle, tous les savans se déclarent pour Mairan. A leur tête, écoutons Fontenelle, le vrai représentant de la science :

« Mairan convient, en véritable savant, de quel-
» ques fautes réelles, et par là il acquiert le droit
» d'être cru sur parole sur celles dont il ne convient
» pas. Harsoetker a beau dire qu'il n'en veut point
» personnellement à M. de Mairan, mais il peut pa-
» raître que ce discours marque quelque inclination
» à reprendre, et même un peu de dessein formé. Il
» proteste souvent, et avec un grand air de sincérité,
» qu'il ne prétend donner que de simples conjectures ;
» il serait donc assez raisonnable de laisser celles des

» autres en paix : elles ont toutes un droit égal de se » produire au jour, et souvent n'en ont guère de se » combattre (1). »

La question des forces motrices commençait à faire du bruit, surtout en Allemagne. Leibnitz l'avait rendue problématique et sujette à de nouvelles discussions. Descartes l'avait supposée sans preuve et sans garant. Mairan, en 1728, entreprend d'éclaircir cette matière. Il démontre que la force motrice des corps n'est jamais en elle-même et dans ses effets en général, que proportionnelle à la simple vitesse ; c'est-à-dire aux espaces parcourus, divisés par le temps comme mesure de l'action de toute force motrice et de sa quantité. Il admet les simples vitesses, appelées forces mortes, et s'élève contre les forces vives, regardées comme le redoublement ou le carré de la vitesse. Dans les effets d'un corps qui a deux fois plus de vitesse, il ne trouve qu'un effet double et non quadruple, un double espace parcouru et un double déplacement de matière en des temps égaux. D'où il conclut, d'après le principe de la proportionnalité des effets avec leur cause, que la force motrice n'est que double comme la simple vitesse et non quadruple.

Mairan trouva dans les partisans des forces vives de terribles adversaires, à la tête desquels il faut placer la marquise du Châtelet. On est étonné de voir une femme si versée dans ces matières, joindre

(1) Fontenelle ; *Éloge de Harsoetker.*

l'esprit, la finesse, la beauté du style à une science si profonde, à une si grande force de raisonnement, oser entrer en lice avec un savant distingué, sur un sujet qu'il avait su se rendre propre par la profondeur, l'étendue et la manière tout-à-fait analytique dont il a traité cette question.

Mairan lui adressa, en 1740, une lettre remarquable, où il répond à toutes ses difficultés et réfute d'une manière victorieuse toutes ses objections. Bien loin de s'avouer vaincue, elle réplique par une seconde lettre pleine d'une ironie d'autant plus mordante, qu'elle se trouvait mêlée à beaucoup de politesse. Mairan, piqué jusqu'au vif, se préparait à l'accabler de toute la hauteur de son génie, et ce différend allait devenir une fâcheuse querelle, lorsque Mme Geoffrin l'arrêta en lui disant : « Que pensera-t-on de vous, si vous tirez l'épée contre un éventail? » Ces mots, en lui rappelant toute la puissance et la force de son génie, en présence d'un sexe faible auquel on doit les plus grands égards lors même qu'il s'égare, suffirent pour calmer la colère du philosophe; et dans une entrevue ménagée à cet effet, tout se passa en politesses, en témoignages d'estime et de considération (1).

En 1761, il fit paraître son Mémoire sur le satellite vu ou présumé de Vénus. Mairan est porté à croire que ce satellite existe, quoiqu'il ait été donné à peu de personnes de le voir.

(1) *Correspondance par Grim et Diderot*, 1771, tom. Ier, pag. 422.

Il s'applique à donner les causes de ses courtes apparitions et de ses disparitions irrégulières.

Le satellite de Vénus étant presque toujours plongé dans l'atmosphère du soleil, il est presque toujours enveloppé d'une matière fluide plus ou moins dense, qui nous le cache en tout ou en partie, et qui se complique avec sa petitesse et avec la contexture peu réfléchissante de sa surface. C'est à cette cause variable qu'il faut attribuer ses apparitions fortuites et ses longues disparitions.

L'atmosphère du soleil s'étend quelquefois par sa longueur au-delà de l'orbite terrestre, et par conséquent bien au-delà de l'orbite de Vénus et de son satellite ; par sa largeur et par son épaisseur, l'atmosphère solaire s'étend au-delà de l'orbite de Vénus et vraisemblablement de son satellite.

Il conclut, d'après ces observations et ces remarques, que le satellite de Vénus, vrai ou supposé tel, ne saurait se montrer à nous que dans ces trois cas ; ou lorsque l'atmosphère solaire n'atteint pas par sa longueur jusqu'à l'orbite de Vénus ; ou lorsque cette atmosphère y atteint par sa longueur et non par sa largeur ou son épaisseur lenticulaire ; ou enfin, lorsque, malgré tous les obstacles de position dans l'atmosphère solaire, cette atmosphère se trouve être en tout assez rare et assez transparente pour laisser passer une partie suffisante de la lumière que ce satellite réfléchit sur nous.

Il espère que des observations plus particulièrement dirigées à cette intention, de plus longues lunettes, de plus forts télescopes et des circonstances plus favorables, nous feront peut-être démêler ce satellite à travers le voile qui nous l'a presque toujours caché jusqu'ici.

Je vois Mairan décomposer dans son intelligence le soleil, le considérer sans rayons, et marquer le rapport du diamètre vertical de cet astre, à son diamètre horizontal; donner le premier une formule générale pour trouver le rapport de la lumière absolue à la lumière interceptée par l'atmosphère; démontrer que les parhélies, les couronnes et l'arc-en-ciel ne sont que le même phénomène; donner un système sur les comètes et sur les étoiles qui paraissent et disparaissent, sur les causes physiques et optiques de la libration de la lune.

Quels efforts! quelle constance! quelle application supposent ces belles et nombreuses découvertes! Cessons un instant de les admirer, pour penser à la manière dont Mairan les enfantait. Son esprit pénétrant lui fait-il soupçonner une découverte importante, il se livre tout entier à l'explorer; il s'enfonce dans cette étude sèche et rebutante; il ne rencontre qu'obstacles, difficultés insurmontables. Voyez son œil investigateur cherchant à se faire jour à travers les mystères de la nature. Un rayon de lumière lui donne quelque confiance : vain espoir; cette lueur disparaît, va se perdre dans une nuit profonde; le fil de ses idées est rompu. Quels efforts ne fait-il point pour ressusciter cette étincelle précieuse? On a beau lui dire qu'il se tourmente inutilement; lui seul a la perception de ce qu'il cherche, de ce qu'il sent. Infatigable, il reprend la suite de ses opérations; son attention et son application redoublent. En vain la nature devient plus mystérieuse, il la forcera à se dévoiler. Qu'il est beau de le voir lutter corps à corps avec elle, opposer à sa résistance l'opiniâtreté de son génie, à ses ténèbres la clarté de son esprit, le reflet de son intelligence! Enfin, les barrières sont rompues, l'obstacle enlevé, la nuit est dissipée, la vérité se montre, la lumière jaillit. Mairan éprouve le ravissement, l'enchantement. Plus cette conquête lui a coûté de peines, de recherches, et plus sa joie est grande. La vérité, une fois trouvée, comment la rendre? Comment l'expliquer, la faire comprendre? Mairan la traite avec un saint respect, la revêt d'images, la présente sous mille formes, l'orne, l'embellit; son lecteur la goûte, l'adore.

Non-seulement il fut l'un des plus grands physiciens de son siècle, mais il se rendit encore fort célèbre dans la géométrie : ce qui le prouve, c'est son Mémoire sur les courbes ovaliformes, et sur celles qui n'ont qu'une équation analogue à celle de l'ellipse; ses remarques sur l'inscription du cube dans l'octaèdre ou de l'octaèdre dans le cube; ses réflexions sur le jeu de pair ou non; sur une propriété du nombre neuf, et sur les séries infinies dont les numérateurs sont égaux ; et ses réponses à Euler, qui décèlent la haute géométrie.

Voulez-vous connaître combien l'histoire naturelle lui était familière, lisez ses observations sur des pierres figurées qu'il avait découvertes à Breuillepont, sur l'aiguillon des limaçons et son usage, sur les effets singuliers d'un coup de tonnerre, sur la sensitive qui paraît sentir l'action du soleil et du jour lors même qu'elle n'y est pas exposée ; voyez son baromètre d'épreuve pour les expériences du vide, adopté par tous les physiciens ; ses belles expériences sur la longueur du pendule à secondes. La toise en fer dont il fit usage, dit la *Biographie Michaud*, pour cette détermination, et qu'il avait vérifiée avec les précautions les plus minutieuses, servit ensuite d'étalon pour la mesure du méridien exécutée dans l'état romain, et a été encore employée dans les derniers travaux de ce genre.

Comment refuser à Mairan une place des plus distinguées parmi les astronomes, quand on le voit posséder toute la théorie de cette science, embrasser par la pensée l'immensité des cieux, peser les astres dans son intelligence, les dérouler à nos yeux, en marquer les mouvemens, en combiner les lois, fixer leur distance, montrer leur place respective, faire rendre compte au soleil de tous ses pas, calculer, décomposer son action, démonter et remonter toutes les parties du globe céleste, inventer une méthode pour observer la hauteur du pôle indépendamment des réfractions, donner la pesanteur de l'air dans les diverses régions de l'atmosphère?

S'il avait moins de titres de gloire, nous relèverions ici son habileté dans les arts de goût. Nous dirions combien il excellait dans la musique, possédant à fond cette partie des mathématiques, depuis la structure de l'organe de l'ouïe, jusqu'à la pratique et au savant usage du clavier. Il connaissait parfaitement la peinture, la sculpture; ce qui le prouve, c'est le fameux Mémoire qu'il donna en 1755, qui contient une espèce de commentaire sur la balance des peintres de M. de Piles, c'est-à-dire, sur la manière d'apprécier leur mérite.

Voilà tous les services importans que Mairan a rendus aux sciences; voilà ce qui lui assure le titre de savant distingué. Dans tous les siècles, on admirera le nombre, la grandeur de ses découvertes, l'universalité de ses connaissances, les trésors inépuisables de son intelligence. Ses ouvrages seront l'aliment des hommes supérieurs, un témoignage immortel de la puissance, de la fécondité de son génie. Il sera toujours regardé comme un homme extraordinaire, qui a étonnamment agrandi le cercle des connaissances scientifiques, et reculé les bornes de l'esprit humain.

Tout le monde sait, dit Savérien, que le célèbre M. de Mairan tient le premier rang parmi les physiciens les plus habiles. Tout le monde connaît ses productions, ses expériences, ses découvertes sur les sujets les plus piquans et les plus curieux de la physique, qui ont été estimés par les philosophes dont j'écris l'histoire (1). L'amour des sciences, dit l'Auteur des trois siècles, heureusement uni au goût des lettres, a fait de cet académicien un savant presque universel et un habile écrivain. La partie des sciences et surtout la physique, a fixé particulièrement ses travaux, sans doute par le désir d'être utile, préféré à celui de n'être qu'agréable (2). Né géomètre comme Pascal, dit Châteaubrun, il en avait la justesse d'esprit, la précision, la profondeur, l'élévation. Il écrivit de bonne heure, et ses essais furent des chefs-d'œuvre. Il marcha à pas de géant dans les sciences abstraites, et plana, plus d'une fois, à la suite des Descartes et des Newton. M. de Mairan fut un homme célèbre, dans un âge où les meilleurs esprits s'efforcent de le devenir (3). Le Journal des Savans l'appelle l'homme de toutes les sciences, de tous les talens, de tous les esprits, l'ornement de tant de corps littéraires; il est célébré par toutes les voix de la renommée, toutes les Académies publient sa gloire (4).

Quel plaisir, Monsieur, lui écrivait Voltaire, d'étudier sous un maître tel que vous! J'ai trop

(1) Savérien; *Histoire des Philosophes modernes*, tom. VI, Préf.

(2) L'Auteur des *Trois siècles*, au mot *Mairan*.

(3) Châteaubrun; *Discours prononcé à la réception de l'Abbé Arnaud*.

(4) *Journal des Savans*; année 1773, avril, pag. 203.

tardé à vous remercier des lumières et du plaisir que je vous dois. Avec quelle netteté vous exposez les raisons de vos adversaires! Vous les mettez dans toute leur force, pour ne leur laisser aucune ressource quand vous les détruisez (1). Vous êtes si persuasif, que vous me faites trembler pour le newtonisme, si vous le combattez : heureux le parti que vous embrasserez, plus heureuses les personnes qui vous voient, qui vous entendent! Il n'y en a point qui s'intéresse plus que moi à tout ce qui vous touche, aux hommages qu'on rend à votre mérite, aux récompenses que le Gouvernement doit à vos talens, à vos travaux (2). Vous êtes le premier ministre de la philosophie (3). Enfin Voltaire professe pour lui le plus profond respect, la plus grande admiration. Il l'appelle son maître. Ce qui lui donne quelque vanité, c'est d'avoir été toujours de son avis sur tout ce qu'il a écrit (4).

Les divers Mémoires, dit la *Biographie Michaud*, qu'il publia sur différentes questions d'astronomie, de géométrie, de physique et d'histoire naturelle, prouvent la variété et l'étendue de ses connaissances (5).

L'auteur du Dictionnaire de physique, M. Paulian

(1) *Correspondance générale;* Lettr. 211, tom. Ier.

(2) *Ibid.;* Lettr. 32, tom. II, pag. 75.

(3) *Ibid.;* Lettr. 154, tom. II, pag. 351.

(4) *Ibid.;* Lettr. 10, tom. VIII, pag. 17.

(5) *Biographie Michaud*, art. *Mairan*.

s'exprime ainsi dans la Préface de son ouvrage : « Mairan a écrit avec succès sur la musique, la peinture, la sculpture, la chronologie, la géométrie, l'astronomie, et surtout la physique. Ce serait ici le lieu de présenter au monde savant le tableau véritablement intéressant des services que Mairan a rendus à la physique, et des précieuses découvertes dont il a enrichi cette science. Mais, comme la plupart de ces faits se trouvent en cent endroits de ce Dictionnaire, nous avertissons nos lecteurs que nos articles les plus remarquables ne sont que l'abrégé de ses ouvrages immortels qu'il a composés sur ces différentes matières. » Jamais éloge ne fut plus flatteur; c'était lui faire hommage de son livre, et l'en reconnaître le véritable auteur.

« Philosophe et spirituel écrivain, il n'était pas, dit Villemain, comme Fontenelle, l'interprète élégant des sciences; il en avait le génie. Il s'était annoncé d'abord par des observations précises. On le vit tour à tour appliquer la science à des objets d'utilité pratique, ou l'étendre par de belles et neuves expériences. Géomètre, physicien, astronome, il découvrit là où Fontenelle avait agréablement parlé (1). »

Nous dirons donc à tous ceux qui veulent pénétrer dans les sciences, lisez Mairan, méditez ses ouvrages, ses découvertes admirables. Inspirez-vous

(1) Extrait du *Cours de litt. franç. au XVIIIe siècle*; t. Ier, p. 458.

de son génie, remplissez-vous de ses connaissances, nourrissez-vous de ses conceptions sublimes, et bientôt votre esprit sera à la hauteur de la science. Vous ne vous arrêterez point sur le seuil de son temple, mais il vous sera donné de pénétrer dans son sanctuaire inaccessible au commun des esprits ; vous puiserez dans des sources fécondes; vous posséderez le grand jour, la vive lumière.

La vie d'un génie rare, d'un savant distingué finirait là ; celle de Mairan n'est qu'au milieu de sa carrière. Nous n'avons montré jusqu'ici qu'une partie de sa gloire ; le point de vue sous lequel nous allons le considérer n'est ni moins beau, ni moins brillant. Après avoir admiré dans Mairan le savant, nous allons contempler le grand écrivain.

SECONDE PARTIE.

Un homme mérite le nom de grand écrivain, quand il a un style à lui ; quand il sait imprimer à ses ouvrages le cachet de son génie, revêtir tous les sujets de couleurs convenables, varier son ton selon la diversité des matières, répandre la lumière sur les choses les plus obscures, traiter les objets les plus arides avec un style abondant, clair, harmonieux, riche, brillant ; quand il peut s'abaisser jusqu'aux intelligences les plus ordinaires, grandir avec les hautes questions, s'élever dans les grands sujets, planer comme l'aigle d'un vol fier et soutenu.

Telle est l'idée que nous nous sommes formée du style de Mairan, en nous pénétrant de ses ouvrages. Nous avons admiré la pompe des images, la majesté des pensées, la profondeur des conceptions, son invention inépuisable, ses comparaisons pleines de justesse toujours puisées dans la nature. Son style est l'image de son âme, pur, égal, sans nuage, sans ambiguïté, toujours lumineux. Le physicien a ordinairement le mot exact; il tient plus à la pensée qu'à la manière de l'orner, il sacrifie à la précision la clarté. Mairan joint à la vérité, à la précision, une abondance sage, chaleureuse, entraînante; il n'est point sans onction, sans animation au milieu des choses les plus arides; la clarté et la lumière ne l'abandonnent jamais. Les ouvrages des autres physiciens ne sont que pour quelques hommes privilégiés; Mairan introduit dans la science tous les esprits. Les livres de ceux-là fatiguent l'attention par leur obscurité ou leur profondeur; ceux de Mairan dans les questions les plus abstraites, ont pour vous le même charme. Ceux-là semblent avoir écrit pour eux-mêmes; ils se tiennent aux mêmes hauteurs sans pouvoir en descendre. Mairan, plein des secrets de la science, après avoir pénétré bien avant dans son sanctuaire, vient raconter ce qu'il a puisé dans ce monde des intelligences, révèle les sujets de ses méditations profondes, dans un style harmonieux, enchanteur. Il fut le premier en France, qui fit disparaître de la physique l'aridité, la sécheresse; qui fit perdre à la géométrie ses formes austères, à la philosophie sa roideur; qui porta dans la métaphysique tous les charmes de l'imagination, et prouva que l'on pouvait être grand géomètre et grand orateur, physicien distingué et grand peintre. Vous parle-t-il de l'aurore boréale, son style devient tout lumineux. Quelle pompe il déploie dans la description de ce phénomène, des merveilles qui l'accompagnent! Qu'il est riche et fécond dans son Traité sur la glace; qu'il est brillant en parlant des phosphores; plein de grandeur et de magnificence en décrivant les mouvemens des corps célestes; étincelant et tout de feu, quand il veut peindre le soleil! On dirait alors que son génie reflète les rayons de cet astre, de ce flambeau de la nature. Qu'il est logique, quand il remonte de conséquence en conséquence jusqu'aux premiers principes! philosophique, dans la manière d'exposer un système, de l'appuyer sur des fondemens inébranlables, de réfuter et de confondre ceux qui osent le combattre, de dissiper les ombres et les nuages dont on voudrait l'obscurcir! Enfin, soit que son génie sonde la profondeur des mers, parcoure l'immensité de la terre, ou la hauteur des cieux; soit qu'il s'enfonce dans les mystères de la nature ou dans les abymes de la science, son style est toujours le même, riche, fécond, clair, brillant, majestueux, toujours beau, toujours admirable.

Cette manière de caractériser le style de Mairan, n'est que l'expression du jugement que ses contemporains portèrent sur ses écrits. Tous les savans de l'Europe lui décernèrent à l'envi le titre de grand écrivain. On vit l'Académie des Sciences en 1740, rendre un hommage solennel à son éloquence. Il s'agissait de remplacer Fontenelle dans la place de Secrétaire perpétuel. Cet homme, créateur d'un nouveau genre d'écrire, qui avait ouvert à l'éloquence une carrière nouvelle dans les éloges des grands hommes dont il avait célébré le génie et les découvertes scientifiques ; cet homme universel, l'homme de tous les talens, regardé comme le prodige de son siècle, âgé de 83 ans, et ayant rempli pendant plus de 44 années les fonctions du secrétariat, demandait sa retraite. Cette résolution avait jeté le cardinal de Fleury dans le plus grand embarras. Pour remplacer dignement l'ancien secrétaire perpétuel, il fallait un autre Fontenelle ; Mairan est cet homme. La généralité de ses connaissances, le grand nombre de ses titres scientifiques, la douceur de son caractère, son impartialité, son attachement pour l'Académie, la haute idée que l'on avait de sa manière d'écrire, firent tomber sur lui ce choix si honorable. Mais ce qu'il y eut de plus glorieux, c'est qu'il fallut faire violence à sa modestie pour le forcer à accepter. Il se rendit aux désirs de tous, à condition qu'il ne tiendrait la plume que durant trois ans, et ces trois années ont été l'époque la plus mémorable de sa vie.

Ici, s'ouvre devant lui une nouvelle carrière qui va faire briller ses talens et son éloquence. Déjà on admire sa méthode, sa clarté, son goût délicat, la beauté de sa diction, l'éclat et la perfection de son style. Au début de Mairan, le Journal de Trévoux s'exprime ainsi : « Tout annonce au public un génie fait pour exposer avec solidité et avec élégance les travaux d'un corps célèbre, et conserver aux Mémoires de l'Académie des Sciences, la réputation que son illustre prédécesseur leur avait donnée (1).

Le Journal des Savans s'attache à différencier, à caractériser la méthode que Mairan a suivie dans l'Histoire de l'Académie. « Le nouvel historien a conservé à peu près l'ordre et la forme des volumes précédens ; mais il s'est plus étendu sur les observations et sur les ouvrages qui ne se trouvent point dans le corps des Mémoires, principalement sur ceux qui ont été présentés à l'Académie par des étrangers et que cette compagnie a approuvés. Il était naturel aussi à M. de Mairan de joindre quelquefois ses idées à celles des auteurs dont il parle. On le

(1) *Mémoires de Trévoux;* 1742, pag. 1783.

voit donc indiquer quelquefois de nouvelles expériences, proposer de nouvelles observations, et s'il est obligé de parler de quelques systèmes contraires à ses propres idées, il n'en diminue point la force. Il satisfait partout au devoir de l'historien, et n'a pour but que l'avancement des sciences et la gloire du corps dont il tient la plume. S'il nous est permis de parler de sa manière d'écrire ; elle est claire, exacte, précise. Chaque écrivain doit suivre son génie et plus songer à se représenter soi-même qu'à imiter. Il faut encore convenir que les sciences de physique et de mathématiques avaient autrefois besoin de cet ornement et de cette agréable délicatesse, que M. de Fontenelle a su y mettre pour les faire goûter à ceux qui n'en connaissent ni le mérite ni l'utilité. Mais, après cet illustre auteur, on peut et peut-être doit-on aujourd'hui changer de ton. Enfin, si l'on s'en rapporte au sentiment d'un grand magistrat (le Chancelier d'Aguesseau), les deux manières d'écrire ne font point tort l'une à l'autre (1). »

L'auteur de cet article trouve donc les mémoires de Mairan plus riches que ceux de Fontenelle en observations, embrassant les ouvrages des étrangers approuvés par l'Académie. Il le loue de joindre quelquefois ses idées et son sentiment à ceux des auteurs dont il parle, de les enrichir de

1) *Journal des Savans;* février 1745.

ses propres observations et de ses expériences, d'exposer dans l'intérêt de la science les systèmes contraires aux siens, avec impartialité. Il est d'avis que la manière de Fontenelle ne convenait plus au temps où écrivait Mairan. Il l'approuve d'avoir suivi une méthode à lui, qui ne le cède en rien à celle de son prédécesseur.

Ce jugement est confirmé par les témoignages de plusieurs savans distingués. «Mairan, dit la Biographie Michaud, sans imiter Fontenelle sut réussir dans ce genre d'éloges, par le talent de caractériser ses personnages, d'apprécier leur mérite et de le faire valoir, sans dissimuler leurs défauts. Comme Fontenelle, il avait l'art d'embellir des grâces du style les théories des sciences les plus abstraites, seulement sa touche est plus austère (1). Son style, d'après Grand-Jean de Fouchy (2), était aussi net que ses idées. Il écrivait avec la plus grande précision et avec la plus grande pureté de langage, qu'il savait orner également dans le besoin des images les plus nobles, et plusieurs des éloges qu'il prononça, passent pour des ouvrages achevés. Il fut, dit Feller, un des membres les plus illustres de l'Académie des Sciences et de l'Académie Française Il n'a pas cherché à imiter Fontenelle, mais à mieux faire que lui, et au jugement de bien des gens il y

(1) *Biographie Michaud;* art. *Mairan.*

(2) *Histoire de l'Académie;* 1771, pag. 102.

a réussi (1). Il remplit la place de secrétaire perpétuel avec un succès distingué, et montra le talent de mettre dans un jour lumineux les matières les plus abstraites : ce don si rare éclate dans tous ses ouvrages (2). Après Fontenelle, dit l'auteur des Trois siècles, on ne croyait pas qu'il fût possible de trouver un continuateur digne de lui pour l'Histoire de l'Académie des Sciences ; encore moins se promettait-on des éloges académiques capables d'intéresser après les siens. M. de Mairan, dans un autre genre de style, mais toujours assaisonné d'une raison lumineuse et nourrie par des connaissances profondes, a traité avec succès l'une et l'autre matière ; en sorte que l'estime de ses concitoyens a été confirmée par les éloges de tous les savans de l'Europe (3). Tout ce qui sortait de sa bouche, dit l'abbé Arnaud, successeur de Mairan à l'Académie Française, empruntait de son accent je ne sais quoi de piquant et d'agréable, à peu près comme une parure étrangère semble ajouter à la beauté, à la grâce, en fixant plus particulièrement les regards et l'attention..... Chargé de crayonner les éloges de ses confrères de l'Académie des Sciences, il sut plaire et intéresser, même après M. de Fontenelle, auquel il succédait. Ses ouvrages sont écrits avec

(1) Feller; *Dictionnaire des Grands hommes*, au mot *Mairan*.
(2) *Dictionnaire historique*; art. *Mairan*.
(3) *Les Trois siècles*; art. *Mairan*.

beaucoup de clarté, de précision et souvent même d'élégance. On y remarque toutes les propriétés du style philosophique, style que je comparerais volontiers à une eau tranquille qui coule avec majesté dans un lit profond (1). Quand il s'agit de peindre le physicien et le géomètre, et d'expliquer leurs idées ainsi que leurs systèmes, il y a peu de plumes aussi élégantes que celle de M. Mairan (2), l'ami, le successeur de Fontenelle; il a brillé, même après lui, dans ce genre d'éloges historiques que Fontenelle semblait avoir créé (3). Enfin, Mairan, dit Villemain, est partout un délicat observateur, un philosophe ingénieux, un écrivain précis, élégant et de bon goût (4).

Pour justifier tous ces témoignages éclatans, rendus à son éloquence, qu'il nous soit permis de citer quelques morceaux pris au hasard dans ses éloges des académiciens. Voici comme il parle de l'Anti-Lucrèce du cardinal de Polignac : « Les tours les plus nobles et les plus variés, les transitions les plus heureuses, les figures les plus capables de soutenir ou de réveiller l'attention, les comparaisons les plus justes et les plus instructives y font passer successivement sous les yeux mille objets divers, comme par une espèce

(1) L'Abbé Arnaud, dans son *Discours de réception*.

(2) *Journal des Savans*.

(3) *Ibid;* avril 1773.

(4) Extrait du *Cours de littérature française au XVIIIe siècle*, t. Ier, pag. 450.

d'enchantement. C'est ici, il faut l'avouer, que la grande et sublime poésie l'emporte infiniment sur la prose dogmatique la plus élégante ; celle-ci ne produira jamais que des lecteurs, celle-là fait des spectateurs. Elle attache l'esprit, elle remue l'âme; ce n'est point le cardinal de Polignac que vous écoutez dans son poème, c'est le spectacle même de la nature où vous assistez. » Il est glorieux pour la poésie qu'un tel hommage lui soit rendu par un géomètre, et par le plus grand géomètre de son siècle.

Le cardinal de Polignac était mort sans avoir fini son poème. Notre éloquent Académicien attendrit jusqu'aux larmes, en parlant de cette circonstance touchante : « Il en est peut-être de ces sortes d'ouvrages non achevés, mais portés au point où se trouve actuellement celui-ci, comme de ces tableaux admirables dont parle Pline, et qui, selon ce savant connaisseur, n'en étaient que plus admirés, de cela même qu'ils étaient demeurés imparfaits. Saisis d'une douleur tendre à la vue de ces chefs-d'œuvre de l'art, auxquels la mort trop prompte de leur auteur a ravi les derniers traits, nous leur prêtons ce qui leur manque. Nous suppléons à nos désirs, nous lisons sur l'ouvrage toute la pensée du génie qui l'a conçu ; nous y voyons toutes les beautés qui allaient éclore sous les mains de l'ouvrier ; et ces mains expirantes qui semblent encore y être attachées, en rehaussent le prix à nos yeux.»

Ce dernier trait rappelle celui de Virgile : *Bis patriæ cecidere manus.*

Qui pourrait refuser à Mairan le titre de grand peintre, en lisant le portrait du cardinal de Polignac? « Il a été un des hommes du monde le mieux fait et de la plus grande mine ; on ne pouvait qu'en être frappé en l'abordant. Je ne sais quoi de relevé caractérisait ses traits ; une noble hardiesse semblait les animer. Mais il ne prenait pas plutôt la parole, qu'à cette mine imposante succédait un air de bonté et de douceur, qui dissipait toute crainte, et n'inspirait que la confiance avec le respect. Son âme était alors véritablement peinte sur son visage; âme grande, généreuse et tranquille, qui a toujours usé libéralement de ses trésors, ainsi que des biens de la fortune, sans les compter et presque sans les connaître... Il jouit de toutes ses lumières jusqu'à son dernier soupir , et ses lumières furent accompagnées de tous les sentimens qu'elles étaient capables de faire naître et qui ne l'avaient jamais abandonné. »

Que peut-on opposer à ce portrait si beau, si grand, si bien frappé ? Son portrait du cardinal de Fleury, qui l'emporte peut-être sur le précédent. En voici quelques traits :

« Arrivé au ministère sans efforts, disons mieux malgré ses efforts pour s'en défendre, il l'exerça sans contradiction, il s'y maintint sans trouble ; son autorité coula de source et se ressentit de la simplicité des moyens qui la firent naître... Il fut peu touché d'immortaliser son nom par des actions d'éclat, il ne chercha point à illustrer son ministère par de nouveaux établissemens ; mais il employa tout son pouvoir, donna tous ses soins à faire revivre, à mettre en exécution ou à perfectionner les établissemens utiles qui avaient été imaginés sous les ministères précédens, et dont il n'avait été ni l'inventeur ni le promoteur ; sacrifice trop rare d'un amour-propre qui nous a si souvent ravi le fruit des anciens travaux, sans nous procurer de nouveaux avantages..... Les temps, les circonstances lui ont plus souvent fourni ses maximes qu'ils n'y ont été soumis. Aussi, n'a-t-il été l'émule d'aucun de ses prédécesseurs dans le ministère ; mais il a marché sur les traces des uns, sans penser à les imiter, comme il s'est éloigné des autres sans songer à les reprendre... On ne saurait dire si son heureux tempérament a été la cause ou l'effet de l'égalité de son âme ; sa vie a coulé uniformément au milieu de la cour, parmi les plus grandes affaires et malgré la vicissitude des temps, comme la vie d'un particulier qui cultive en paix le champ de ses ancêtres. »

Dans l'éloge de l'abbé Bignon, il prouve qu'il faut à l'éloquence une grande assemblée pour y déployer toutes ses ressources, et pour assurer ses triomphes. L'endroit est remarquable ; il est d'un grand maître qui connaît à fond tous les ressorts et toutes les merveilles de la véritable éloquence.

« Le talent proprement dit de la parole, pour se déployer dans toute sa force, veut être excité par des objets puissans; il veut des passions à sentir, à émouvoir ou à combattre par d'autres passions. C'est là qu'il éclate; c'est alors qu'il persuade, qu'il entraîne; c'est alors que le pathétique et le sublime, débarrassés de la gêne de la composition, et aussi peu cherchés qu'attendus, produiront leurs effets les plus étonnans. Le vrai triomphe de l'éloquence n'exista peut-être jamais sur le papier; et l'on pourrait présumer avec assez de fondement, que Démosthènes était moins Démosthènes dans ses écrits où nous l'admirons, que dans les traits soudains et hardis qui lui échappaient en voyant les entreprises de Philippe et l'indolence des Athéniens. »

Dans l'éloge de M. Brémont, il relève la nécessité et les avantages de l'érudition en termes magnifiques. Ses aperçus sont d'un philosophe accoutumé à puiser dans ses trésors au profit de la vérité. « Toutes les sciences ont leur érudition; la géométrie même, où cette partie ne fait pas un petit objet, ni peu utile, ne fût-ce que pour nous convaincre des progrès dont l'esprit humain est capable, lorsqu'il peut s'appuyer sur des principes certains. La connaissance des faits et des découvertes sert à nous diriger dans nos travaux; elle nous épargne le temps et la peine que nous employerons peut-être sans succès à nous découvrir des routes qui sont déjà tracées, et où il ne s'agit que d'avancer ; elle assure aux inventeurs la gloire de l'invention ; elle en dégrade ceux qui se l'attribuent injustement ou faute de lumière; elle nous garantit enfin nous-mêmes d'une semblable illusion, toujours taxée de vanité et d'ignorance. »

Dans l'éloge de l'abbé de Molières, on trouve ce portrait fameux de Malebranche : « Il jouissait alors de la réputation la plus brillante. Disciple zélé de Descartes, commentateur original, chef de secte lui-même par les idées neuves et sublimes qu'il prêtait à la philosophie cartésienne, il pouvait être mal entendu, critiqué, contredit, mais on ne pouvait s'empêcher d'admirer l'étendue de son génie dans l'enchaînement de ses dogmes mêmes, auxquels on refusait de souscrire. »

Voici les paroles imposantes, vraiment éloquentes, qu'il prête à Descartes ; elles sont en harmonie avec les grandes idées de ce philosophe.

« Si Descartes ce grand génie, revenait au monde, fidèle à ses leçons, il se féliciterait des progrès qu'elles nous ont fait faire; il admirerait la sagacité de Newton dans ses calculs sur la physique céleste; il adopterait ses ingénieuses recherches sur la lumière et les couleurs, et même ses attractions en tant qu'elles se manifestent dans leurs effets, et qu'elles nous cachent un mécanisme ou trop subtil ou trop compliqué... Je n'ai pas ignoré, poursuivrait ce philosophe, que mon principe ouvrait une carrière sans bornes et dans laquelle ceux qui commenceraient leur course où j'ai fini la mienne, iraient plus loin que moi; je leur en ai fourni les moyens, et si je ne m'en suis pas toujours servi moi-même assez heureusement, je n'ai pas voulu du moins en imposer aux hommes, et me dérober à leurs censures par de respectables ténèbres : je suis venu, au contraire, le flambeau à la main, les exhorter à ne rien croire en matière de philosophie, que ce qu'ils verraient clairement, soit des yeux du corps, soit de ceux de l'esprit. Du reste, ma physique est l'ouvrage de tous les siècles. Rien ne marque mieux la jeunesse de l'esprit humain, et n'est en même temps moins philosophique, que sa précipitation à juger que les connaissances qui ont échappé à ses derniers efforts, seront à jamais refusées à la postérité. » Quel style! quelle grandeur! quelle pompe! quelle élévation ! Nous doutons que Fontenelle puisse nous présenter un tableau plus vrai, plus achevé, plus éloquent et plus philosophique.

On nous permettra de comparer ces deux grands écrivains, de tracer ce qui les distingue, ce qui les caractérise. Tous deux sont exacts et précis, tous deux ont le talent d'embellir des grâces du style les théories les plus savantes, de les exposer avec une clarté, une lucidité remarquable. Fontenelle court après l'esprit ; Mairan est plus grave, plus sérieux.

L'un fait penser au savant, et l'autre semble s'oublier et n'écrire que dans l'intérêt de la science. L'un, à force d'agrémens, tombe dans la recherche et quelquefois dans l'afféterie (1) ; la manière de l'autre est plus naturelle , n'est jamais affectée. L'un est souvent sec , froid , comme les écrivains qui donnent beaucoup à l'esprit ; Mairan a plus de chaleur , donne plus au sentiment , attache, émeut ; sa manière est plus large, plus franche , plus solide. L'un juge quelquefois avec partialité ; et l'autre, toujours juge intègre, prononce d'une manière consciencieuse sur les défauts et les qualités des savans. On trouve dans l'un la finessse, la délicatesse , l'art de traiter d'une manière badine les choses les plus sérieuses ; dans l'autre , tout est noble , austère , tout est digne d'un philosophe. Ces deux écrivains s'estiment et s'honorent réciproquement. Fontenelle à chaque instant loue Mairan , rend hommage à sa science , à son génie; et Mairan parle de Fontenelle avec un profond respect et une admiration qui va jusqu'à l'enthousiasme. Tous deux ont rendu de grands services à la science , en ont reculé les bornes , ont frayé de nouvelles routes à ceux qui viendront après eux. « Tous deux grands peintres, dit Châteaubrun, tous deux également sages dans le dessin, il y avait quelque différence dans la ma-

(1) *Voy.* la note Ire.

nière. Le pinceau de M. Fontenelle était délicat ; la touche de Mairan plus austère. Mais arrêtons-nous, c'est avoir fini l'éloge de ces deux hommes rares que de les avoir comparés (1). »

La manière brillante dont Mairan avait rempli les fonctions de secrétaire perpétuel, lui ouvrit les portes de l'Académie Française, où il succéda au marquis de St.-Aulaire en 1743. Ce fut un acte de justice et nullement une faveur, comme le déclare hautement l'abbé Arnaud, en s'adressant à tous les Académiciens : « En venant s'asseoir parmi vous, Messieurs, de Mairan reçut la récompense légitime de ses travaux et de ses succès (2).

On verra avec plaisir quelques endroits du discours que prononça Mairan, en entrant dans l'Académie Française. Dans ce moment solennel, les grands écrivains impriment à leurs discours le cachet de leur génie. Les hommes superficiels ne font entendre que des mots sonores, vides de sens, qui vont se perdre dans la nuit de l'oubli. L'homme supérieur s'attache à développer une question du plus grand intérêt. Son discours fait époque dans les fastes de la littérature ; il excite l'admiration de tous les siècles. Tel est celui de Mairan.

L'ingénieuse modestie avec laquelle il s'exprime sur ce choix, fait voir que personne n'en était

(1) Châteaubrun, dans son *Discours* en réponse à celui de l'Abbé Arnaud.

(2) Dans son *Discours de réception*.

plus digne que lui : « Aurai-je toujours le dangereux honneur de succéder à des hommes auxquels je me reconnais si inférieur dans les genres où ils excellent ? »

L'utilité de l'union du savoir avec le talent de la parole, en faisant un judicieux usage de l'un et de l'autre, est exposée d'une manière très-éloquente dans ce discours. Il commence par donner une idée noble et différente de celle que l'on pourrait s'en former de la plus ancienne Académie du royaume, de celle qui a servi comme de modèle à toutes les autres : « Le talent de la parole et celui d'écrire qui distinguent cette compagnie, ne suffiraient pas pour remplir son objet. Eh ! que devient le talent de la parole, si on le sépare des connaissances qui doivent l'exercer, et qu'à son tour il doit animer et embellir ? Où le trouver sans elles ? Serait-ce parmi les plus fameux orateurs, ou chez les plus grands poètes de l'antiquité ? Mais leurs ouvrages sont enrichis des connaissances les plus précieuses de leur siècle, tant historiques que philosophiques et naturelles. Serait-ce parmi les orateurs et les poètes modernes qui se sont le plus signalés ? Ils ne cèdent pas aux anciens, même dans cette partie. Ne séparons donc point l'art de penser du fond nécessaire de parler dignement...

» Mais, si l'art de parler, d'énoncer et d'orner ses pensées, dénué du savoir, s'évanouit, ou n'a qu'un éclat frivole, il n'est pas moins certain que les connaissances les plus sublimes, que les matières dogmatiques même les plus sérieuses et les plus abstraites, ne sauraient se passer de son secours. Plus elles sont profondes, plus on a besoin de méthode et de clarté pour se faire entendre ; plus elles sont utiles, plus il devient important de les faire goûter et d'employer, pour parvenir à ce but, toute l'énergie du discours, toutes les finesses de l'art d'écrire.

» C'est à la lumière que l'Académie Française répand de tous côtés, par ses leçons et par ses exemples, que sont dûs tant d'excellens ouvrages où brille cette pureté de diction, cette bienséance de style, ce fond de raison sagement orné que l'on ne connaissait point avant elle. »

Il trace ensuite l'éloge et le portrait de M. de Saint-Aulaire, avec un style plein de dignité, de délicatesse. Il le peint au naturel, et la peinture a toute l'élégance, toutes les grâces d'un académicien consommé. Par là, on conçoit ce qu'un tel sujet, traité par une main si habile, présente de charmant et d'aimable.

« On voit dans M. de Saint-Aulaire un esprit fin et délicat, une imagination féconde et fleurie, une humeur douce et tranquille, une âme inaccessible au trouble des passions, et où la gaîté même ne se faisait sentir que sous la forme de la simple sérénité. Il s'allie à une maison qui a pour chef une personne illustre par son mérite et par ses écrits ; et dès-là brillent en lui tous les talens que l'esprit, le goût, la politesse rassemblent autour de celle qui en faisait l'ornement. Appelé à une cour brillante, ingénieuse, savante, il en devient aussitôt les délices : le voilà instruit de tout ce qui doit composer ces ingénieux divertissemens ; il en partage l'ordonnance et l'exécution.»

On se souvenait encore du discours que prononça M. de Saint-Aulaire, à la réception de feu le duc de la Trémouille ; Mairan le rappelle en peu de mots, d'une manière touchante.

« Le contraste du plus grand âge avec la plus brillante jeunesse, loin de refroidir son éloquence, lui prête une nouvelle chaleur ; les traits les plus vifs, les figures les plus hardies viennent se placer sur ses lèvres ; la vue même du terme fatal dont il approche, capable de glacer les âmes communes, ne sert qu'à l'animer. »

La réponse de M. Hardion, directeur, roule principalement sur les louanges de l'illustre académicien défunt, et si bien remplacé. «Venez, dit M. Hardion à Mairan, venez nous faire part de vos trésors, et vous enrichir, à votre tour, de ceux de vos nouveaux collègues. »

L'auteur des Observations sur les écrits modernes, après avoir démontré que les Gassendi, les Réaumur, les Maupertuis, savans distingués, ont écrit avec netteté, avec pureté, méthode, vivacité, avec un style aimable et sans affectation, ajoute : «Ne pourrait-on pas trouver aussi ces qualités dans les divers écrits du savant récipiendaire ? Ce qui me plaît le plus dans le discours de Mairan, est qu'on y voit un but et du raisonnement. Il a eu sans doute ses raisons pour faire voir, en cette occasion, que les spéculations géométriques et physiques, et toutes les autres sciences, conviennent à l'Académie et entrent dans les vues de son établissement..... Loin donc d'en exclure les savans d'un certain genre, l'Académie s'est toujours fait un honneur de les adopter.... Mais elle n'avait point eu l'honneur, si je ne me trompe, de posséder un géomètre, un astronome, un physicien, un naturaliste, tel que le nouvel académicien qu'elle vient de s'incorporer (1). »

Après cet honneur académique accordé à ses talens, son mérite appela sur lui un choix non moins glorieux. Le chancelier d'Aguesseau, dont le témoignage valait celui d'une Académie, remarquant dans Mairan des vues nouvelles et des idées aussi fines qu'ingénieuses, le nomma président du Journal des Savans, place qu'il remplit à la grande satisfaction du public et des gens de lettres. On le vit donner à ce journal une nouvelle direction, y traiter les questions les plus importantes, se mettre en rapport avec tous les savans de l'Europe, sanctionner les bons ouvrages, flétrir les mauvais, se montrer l'arbitre souverain du bon goût, prononcer sans appel sur la destinée des livres et des auteurs, condamner la médiocrité, protéger les vrais talens, se déclarer le défenseur des

(1) *Observ. sur les écrits modernes;* tom. XXXII, pag. 122 et 127.

*

sciences, des arts, de la littérature, de la poésie, de l'histoire et de la philosophie.

Nous donnons comme monument de son éloquence, les Lettres de Mairan au père Parennin sur la Chine; nous les plaçons parmi ses plus beaux titres littéraires. On sait la vive impression qu'elles firent dans le monde des lettres, et la gloire qu'elles procurèrent à leur auteur.

Il avait aperçu des rapports frappans entre le caractère, les mœurs, les usages des Égyptiens et des Chinois. Par sa manière profonde et pleine de sagacité, il avait formé ce parallèle, qui le menait à conjecturer l'origine égyptienne des sciences et de plusieurs coutumes chez les Chinois. Fontenelle y trouvait des conformités remarquables et presque surprenantes. Voici les principaux traits de ce parallèle. On voit chez les deux peuples une écriture purement hiéroglyphique, destinée à rappeler l'idée des choses et nullement celle des sons; l'attachement inviolable aux anciennes coutumes et aux lois du pays; l'amour des sciences et de la paix si propre à les faire fleurir; tout commerce interdit aux étrangers; le respect extrême pour les pères, pour les rois et pour les vieillards, qui se perpétue envers leurs corps inanimés; un esprit peu guerrier, propre à subir le joug; le dragon symbole national de l'Égypte comme de la Chine. La fête des lumières, l'œuf regardé comme l'emblême de l'univers, l'art de faire éclore les œufs par la chalenr des fours et celle du fumier étaient des usages reçus chez l'un et l'autre peuple. Il trouve des rapports frappans entre quelques figures antiques de l'Égypte et les physionomies chinoises. A l'aspect de tant de choses communes entre les Égyptiens et les Chinois, on ne peut presque pas se défendre de leur supposer une même origine.

Il démontre que l'éloignement qui est entre la Chine et l'Égypte, ne fait point d'obstacle à la supposition d'une colonie égyptienne qui aurait passé à la Chine. Les conquêtes de Sésostris vers les extrémités de l'Asie, lui font conjecturer que ce héros égyptien a pu pénétrer jusqu'à la Chine et y établir une colonie. Diodore de Sicile assure qu'il passa le Gange et parcourut les Indes jusqu'à l'Océan.

Outre ce parallèle, les Lettres de Mairan contiennent plusieurs questions importantes et des discussions savantes sur l'authenticité des anciennes histoires des Chinois, qui lui paraissent fort suspectes, sur le génie de ces peuples pour les sciences. Il les trouve faibles en astronomie ; la navigation, la géographie, compagnes de l'astronomie, sont encore bien moins avancées chez eux. Le génie des Chinois, très-estimable d'ailleurs, est fort inférieur à celui des Européens ; ils savent peu inventer et perfectionner.

Tel est le précis des discussions les plus intéressantes que renferment ces Lettres, et des notes curieuses dont il les a accompagnées. « Les opinions de cet illustre académicien, dit le Journal des Savans, pourront trouver des incrédules ; mais la manière dont il les expose réunira vraisemblablement tous les suffrages. Le ton de modération et de sagesse qui règne dans ces Lettres, et l'élégance du style, en feront toujours un modèle de l'art d'écrire sur des questions si épineuses (1).» Ouvrage curieux et plein de cet esprit philosophique qui caractérise les autres livres de l'auteur (2).

Ayant envoyé ces Lettres à Voltaire, il en reçut cette réponse si flatteuse : « Je vous remercie bien sensiblement d'une attention qui m'honore, et d'un souvenir qui augmente mon bonheur dans mes charmantes retraites. Il y a long-temps que je regarde vos Lettres au père Parennin, comme des monumens bien précieux (3) ?»

« Suivez-le sous un autre hémisphère, s'écrie Châteaubrun, lisez ses Correspondances avec les Chinois. Observateur pénétrant, mais historien toujours sincère, il les juge en homme impartial. Voyez avec quelle modestie il interroge, avec quelle adresse il instruit. Ses doutes sont des preuves, ses conjectures sont des démonstrations. Rien n'échappe à son ardente curiosité : ni la mesure de leur capacité pour les sciences, ni les découvertes qu'ils y ont faites, ni les préjugés dont ils sont nourris, ni les principes de

(1) *Journal des Savans;* 1759, pag. 617.

(2) *Dictionn. histor.;* art. *Mairan.*

(3) *Correspondance générale;* Lettr. 149, pag. 343, tom. V.

leur gouvernement. Il perce l'obscurité des temps ; il recherche leur origine ténébreuse, et ramène leur chronologie aux bornes où ils doivent la renfermer (1). »

Nous citerons comme monument d'une savante discussion, d'une grande perspicacité, d'une saine littérature, ses deux lettres au comte de Caylus sur une pierre antique. Il prouve que cette pierre n'est qu'une espèce d'horoscope ou de thème figuré pour Auguste, à l'occasion de la fameuse comète qui parut après la mort de César, et qui fut regardée comme l'âme ou comme le siége de l'âme de ce grand homme reçu parmi les Dieux : *Creditumque est*, dit Suétone, *esse Cœsaris in cœlum recepti*. Apparition miraculeuse selon l'esprit du temps, et d'autant plus favorable à Auguste, son fils adoptif et et son héritier, qu'elle arriva pendant qu'il faisait célébrer les jeux en l'honneur de Vénus mère, institués par César (2). Il donne une description admirable de cette pierre antique, et prouve que ce tableau doit être rapporté à Auguste et à la comète qui parut. Il en donne pour garant une infinité de monumens du temps même, et en particulier la médaille de cet empereur, dont le revers est chargé d'une grande étoile, tout-à-fait semblable à celle qui était gravée sur cette pierre, et distinguée par un rayon chevelu, haché de divers traits. Après avoir établi ce double rapport entre

(1) Châteaubrun ; dans le *Discours* déjà cité.

(2) *Voyez* la note II.

**

cette pierre et la comète, cette médaille et cette grande étoile, il en donne cette explication :

« L'artiste, à qui nous devons cette pierre, ou l'astrologue qui lui conduisait la main, a prétendu montrer par toute cette composition, par ces trois signes du zodiaque, ainsi disposés triangulairement autour de la comète, et d'après leurs aspects et leur influence réciproque, que l'état du ciel en ce moment et dans les circonstances données, promettait l'empire à Auguste et le plus parfait bonheur au peuple romain. Le bélier rappelait les fatales ides de Mars, et présentait aux Romains le contraste frappant de César poignardé en plein sénat et de César reçu parmi les Immortels, ce qui leur était confirmé par la comète. Le taureau était le type de l'agriculture, et le lion, le symbole de la fortune. »

Il cite à l'appui de cette interprétation la conduite d'Auguste. Il n'est pas plus tôt maître dans Rome, qu'il y fait honorer cette comète dans un temple, et qu'elle est mise sur la tête de la statue qu'il fait consacrer à César reçu dans le ciel ; et Auguste, s'il faut en croire les Mémoires composés par lui-même, ne se départit jamais durant sa vie de ces pratiques superstitieuses pour honorer cette comète, qui était moins celle de César que la sienne, par tout ce qu'elle lui valut.

Telle est l'explication savante qu'il donne de cette pierre antique. Il parcourt, commente avec une dextérité admirable tous les auteurs du temps, rapproche leurs témoignages, pour répandre sur cette matière le plus grand jour, pour fixer l'époque précise où parut cette comète, et pour donner à l'histoire romaine une chronologie certaine, établie sur des fondemens incontestables ; c'est ainsi qu'une simple question devient entre les mains de ce savant l'occasion de plusieurs découvertes importantes pour les sciences, pour les arts et pour l'histoire.

Ses conjectures sur l'origine de la fable de l'Olympe nous présentent un morceau d'éloquence des plus rares. Il se propose de montrer la liaison que les différens aspects de l'aurore boréale peuvent avoir avec les visions chimériques qu'elle a fait naître, selon la latitude des lieux d'où elle est vue, et selon que ses apparitions y sont plus ou moins fréquentes.

1° Les habitans du nord ont été peu alarmés de l'aurore boréale, ou ils ne l'ont été qu'après quelque intervalle de temps où elle avait cessé de paraître ; intervalle assez court et ordinairement assez rare. Il est vrai qu'ils ont cru alors leurs campagnes en feu et l'ennemi à leurs portes ; mais ils sont bientôt revenus de cette frayeur ; ils se sont accoutumés à l'aurore boréale, comme à un phénomène journalier.

2° Dans les phénomènes particuliers et les circonstances qui accompagnent les grandes aurores boréales dans les pays de moyenne latitude, où elles sont beaucoup moins fréquentes, et de très-longs intervalles de temps sans paraître, nos pères y ont presque toujours aperçu les présages les plus funestes et les objets les plus effrayans, des armées qui se livraient de sanglantes batailles, des boucliers ardens, des chars enflammés, des têtes hideuses séparées de leurs corps ; ils en ont vu tomber des pluies de sang ; ils y ont entendu le cliquetis des armes ; et cet arc ou limbe lumineux appuyé sur l'horizon, et qui s'y étend d'ordinaire sur plus de cent degrés d'amplitude, ils n'ont pas fait difficulté de le prendre quelquefois pour la queue ou pour la chevelure d'une comète énorme et menaçante, dont la tête se cachait en tout ou en partie sous l'horizon.

3° Dans les pays méridionaux, où l'aurore boréale a été quelquefois des siècles sans paraître, et où elle n'a paru ensuite que par intervalles, basse et communément tranquille, on n'a fait de l'aurore boréale qu'un spectacle riant, beau à voir.... Les anciens Grecs n'ont vu, dans l'aurore boréale, que Jupiter et les dieux tenant leur conseil sur l'Olympe..... D'après la description qu'il donne du mont Olympe et de sa position, il établit que l'aurore boréale y aura donc paru immédiatement au-dessus de ces montagnes qui l'entourent, et comme adhérente à leur sommet. De là, le limbe, ce cintre lumineux et rayonnant du phénomène, n'aura été pour le spectateur étonné, qu'un signe non équivoque de la présence des dieux ; le segment obscur qu'il y aura vu quelquefois au-dessous, qu'un nuage respectable qui cachait ces immortels aux yeux profanes; et les jets de lumière, couleur de feu, qui s'en élançaient, qu'auraient-ils pu être? Qu'autant de foudres qui partaient de la main de Jupiter. Plus le phénomène aura été rare, plus il aura été merveilleux, et plus la tradition comme tel, aura dû s'en conserver long-temps sans atteinte.

Il rapporte le témoignage d'Homère, d'Hésiode et des fabulistes, rapproche ce qu'ils ont dit de merveilleux sur l'Olympe et sur le conseil des dieux, et montre le rapport parfait qui existe entre leurs descriptions et les phénomènes de l'aurore boréale, avec une érudition rare et un style homérique. Le reste du Mémoire est très-remarquable, et prouve que Mairan n'est pas moins grand poète que grand orateur.

L'Académie des Inscriptions et Belles-Lettres voulut que cette pièce figurât dans le recueil de ses Mémoires; honneur réservé, avant Mairan, aux seuls Mémoires de ses membres. Elle crut devoir faire exception et déroger à un usage invariable, en faveur de ce monument d'érudition, de poésie et d'éloquence. Ce qui fait dire à l'abbé Arnaud: « Le Recueil de l'Académie des Belles-Lettres est enrichi d'un de ses Mémoires, où une érudition choisie, et dispensée avec goût, vient sans affectation, sans effort, à l'appui d'une idée fine et heureuse (1). »

(1) *Discours de réception.*

« J'ai été entièrement de votre opinion sur l'aurore boréale, lui écrivait Voltaire, et je souscris à tout ce que vous dites sur le mont Olympe, d'autant plus que vous citez Homère. J'ai été toujours persuadé que les phénomènes célestes ont été en grande partie la source des Fables. Il a tonné sur cette montagne, donc le sommet est inaccessible; donc il y a des dieux qui habitent cette montagne et qui lancent le tonnerre (1). »

Son ouvrage sur l'aurore boréale, dit Châteaubrun, lui procura principalement dans le nord, autant d'admirateurs que de lecteurs. Il en développe les causes véritables et les phénomènes si variés. De là, sans perdre son objet de vue, il remonte aux temps héroïques, et devient l'interprète ingénieux des rêves sublimes d'Homère; il le suit sur le mont Olympe; il construit avec lui dans cette aurore boréale les palais brillans des déesses et des dieux. Dans le nord, physicien exact et profond; sur l'Olympe et avec Homère, mythologiste plein d'agrément (2).

Son esprit, d'après Villemain, non moins étendu que pénétrant, s'était porté sur toutes choses. Aussi bon helléniste qu'habile géomètre, il était surtout zélé pour les travaux de l'Académie des Inscriptions. Sa Dissertation sur la fable de l'Olympe, montre

(1) Lettr. XCV; tom. 6, pag. 198.

(2) Châteaubrun; *Discours déjà cité.*

un esprit orné des plus rians souvenirs de la poésie grecque.

Après avoir montré les qualités, les richesses de son esprit, ne conviendrait-il point de faire connaître le cœur de Mairan, son caractère, ses mœurs, son genre de vie? Ses qualités morales ne le cèdent point à ses qualités intellectuelles; on voit régner entre elles la plus belle harmonie. Il avait un cœur bon, une âme sensible et généreuse, un caractère doux, obligeant; il ne connut point les orages des passions; sa vie fut exempte de trouble. En lui, l'homme savant n'eut jamais à rougir de l'homme moral. On ne le vit point, comme tant d'autres, déshonorer sa science et son génie par des faiblesses indignes. Il rappelait l'homme de bien des anciens. Il fut ami sincère de la vertu, du beau, du grand, de l'honnête. Ses sentimens et ses principes ne varièrent jamais. Ses contemporains rendent hommage à sa vertu, à la pureté de ses mœurs, à la bonté de son cœur; nous le présentent comme digne de servir de modèle à tous les savans.

« Né avec des goûts vifs, mais avec des passions douces, dit l'abbé Arnaud, Mairan trouvait dans son caractère, même au temps de sa jeunesse, une modération que le philosophe n'obtient pas toujours de l'expérience et de la réflexion. Il fut admis et chéri dans les meilleures sociétés; ses connaissances, parées d'un tour d'esprit agréable et d'une politesse noble, facile, attentive, lui valurent une considération qui l'accompagna tout entière jusqu'à la fin de ses derniers jours. Son langage, son maintien, son air respiraient une dignité simple, qui fit toujours respecter sa personne, et dans sa personne l'homme de lettres et les lettres elles-même (1). La douceur de ses mœurs le faisait regarder comme un modèle des vertus sociales. Il avait cette politesse aimable, cette gaîté ingénieuse, cette société de commerce, qui font aimer et estimer (2).»

Grimm l'appelle un homme de mérite, honnête homme, homme aimable. Il avait tout ce qu'il fallait pour vivre long-temps, l'esprit sage, la tête bien faite, une grande égalité d'humeur, beaucoup de modération dans les passions, ou plutôt point de passions, assez de sentiment pour mériter l'estime de ceux qui vivaient avec lui dans les meilleures sociétés (3). «Nous ne parlons ici de vous, lui écrivait Voltaire, que sous le nom du philosophe aimable. Permettez-moi de vous dire que j'aime l'homme en vous, autant que j'estime le philosophe (4).» Il était doux, obligeant; il se montra toujours disposé à aider de ses conseils et de son crédit les jeunes gens qui annonçaient du talent

(1) L'Abbé Arnaud; *Discours de réception.*

(2) *Dictionn. hist.*; art. *Mairan.*

(3) Corresp. par Grimm et Diderot; 1771, pag. 422.

(4) Lettr. XXXII; tom. II, pag. 75.

et le désir de le cultiver (1). Il n'était pas d'une grande taille, mais d'une figure agréable ; ses yeux annonçaient la vivacité de son esprit (2). Quant à sa probité, elle ne se démentit jamais ; et quand il ne l'aurait pas eue au fond du cœur, il aurait pu la devoir encore à cet esprit supérieur d'ordre et de raison qui régla constamment toutes ses démarches. Un honnête homme, disait-il, est celui à qui le récit d'une bonne action rafraîchit le sang (3). Il sut allier la science avec la modestie si rare dans les savans. Ceux qui avaient affaire avec lui, n'ont jamais pu se plaindre qu'il leur fît sentir sa supériorité ; il était toujours à leur portée, et ce n'était, pour ainsi dire, qu'en le creusant que l'on pouvait connaître son mérite (4). Jamais il n'apporta dans le monde ce ton dogmatique et tranchant, qui ferait haïr jusqu'à la raison et à la vérité. Si l'on avançait une erreur, une absurdité, loin de montrer du mépris, de l'indignation, il n'avait pas même l'air de la surprise ; il répondait avec douceur et toujours avec succès. Il consolait l'ignorance, lors-même qu'il la combattait. Jamais il n'affecta d'étaler les richesses de son savoir, et jamais il ne dédaigna de les communiquer : autant il ai-

(1) *Biographie Michaud.*

(2) *Histoire de l'Académie ;* 1771, pag. 104.

(3) L'Abbé Arnaud ; *Discours de réception.*

(4) *Histoire de l'Académie ;* 1771, pag. 104.

mait la discussion, autant il abhorrait la dispute (1). Nous aimons à rappeler cette aménité qui doit être un des charmes des lettres, cette sérénité affable et modeste avec laquelle il proposait comme des doutes ses objections les plus évidemment justes, se défiant toujours de lui, lors même qu'on l'applaudissait, paraissant s'instruire lorsqu'il instruisait les autres, et rendant grâces lorsque c'était lui qui obligeait. Enfin, nous ne ferons que répéter, et nous répéterons avec tout l'intérêt de la reconnaissance et de l'amitié, que M. de Mairan fut un de ces hommes rares, qui rendent les sciences aimables et les lettres respectables, et qui font rechercher la société de ceux qui les cultivent (2).

Voilà un Tableau parfait qui nous donne une haute idée du caractère, du cœur et des vertus de Mairan; tableau dont les traits et les couleurs nous sont fournis par ses contemporains les plus doctes et les plus graves.

Mairan, comme nous l'avons déjà fait observer, ne voulut garder que trois ans les fonctions de secrétaire perpétuel. Il n'avait accepté qu'à cette condition. L'Académie des Sciences, en consentant à l'admettre à la vétérance, ne cessa de lui prodiguer les plus grands honneurs; elle le nomma sous-directeur pour cette année 1744 et l'année sui-

(1) L'Abbé Arnaud; *Discours cité.*

(3) *Journal des Savans;* avril 1773, pag. 202.

vante. La retraite de Maupertuis, ayant laissé une place de pensionnaire vacante, le roi y nomma Mairan, avec conservation d'ancienneté. Ainsi, le Gouvernement et l'Académie se plaisaient à accumuler sur cette tête savante, les plus grands honneurs et les plus belles récompenses. Le duc d'Orléans, régent, l'avait eu pour son secrétaire ordinaire. Il l'honora d'une protection spéciale, et lui légua sa montre par testament, comme une marque de son estime particulière. Il reçut du prince de Conti, et des plus grands seigneurs, des preuves constantes d'estime et de bienveillance.

Nous mettons au-dessus de toutes ces faveurs honorifiques, au-dessus de ses plus beaux titres de gloire, le bonheur rare, inconcevable, d'avoir mérité et conservé, pendant sa vie et après sa mort, la bienveillance de Voltaire. Cet homme, qui s'est plu à dire du mal de tout le monde, a toujours parlé de Mairan avec éloge et le respect de l'admiration. Voltaire, qui a sacrifié tous ses amis, a toujours eu pour Mairan la même estime. Nous donnons cette persévérance des sentimens de Voltaire, comme une preuve du bon cœur de Mairan, de la bonté de son caractère, de la beauté de son génie, de l'étendue de ses connaissances, de la profondeur de sa science, dont les droits incontestables ont fait taire l'envie dans Voltaire, fixé la versatilité de son esprit, la fluctuation de son cœur, triomphé de son caractère haineux, et l'ont rendu le panégyriste le plus enthousiaste et le plus constant des vertus et des talens de Mairan.

Rendu à lui-même, il va sans doute se reposer de ses grands travaux. Son esprit infatigable ne le lui permettra point. Durant les vingt-sept dernières années de sa vie, on le voit assister régulièrement aux séances de l'Académie, composer des ouvrages, donner de nouvelles éditions, corrigées, augmentées, tenir une correspondance suivie avec les premiers savans de l'Europe et jusqu'au fond de la Chine; consulté de toutes parts, répondre à tout, expliquer tout; faire marcher de front plusieurs ouvrages à la fois, manier jusque dans sa dernière vieillesse les questions les plus difficiles; se livrer à des recherches laborieuses, tenter des expériences, faire des découvertes, sonder de nouveaux abymes, éclaircir les matières les plus obscures, porter partout la lumière, rendre aux sciences les services les plus importans.

Qui pourrait énumérer tous les écrits qu'il enfanta dans une carrière si longue et si brillante? La durée de la vie humaine peut-elle suffire à tant de travaux, à tant de conquêtes? Comment concevoir qu'un seul homme ait pu révéler tant de mystères, sonder tant de profondeurs, percer tant de nuages, épuiser tout ce qui avait paru avant lui, inventer à lui seul ce que les siècles passés n'avaient pas même soupçonné, embrasser presque toutes les connaissances humaines, répandre sur elles le plus grand jour, découvrir les merveilles du ciel et de la terre, expliquer toutes les lois de la nature ? Ses investigations embrassent tout : la glace, les phosphores, les variations du baromètre, la cause du froid, du chaud, le mouvement de razion, les aurores boréales, les comètes, les étoiles qui paraissent et disparaissent, le soleil, la lumière zodiacale, la rotation et la vibration de la lune, le satellite de Vénus, le jaugeage des vaisseaux, la réflexion et la réfraction des corps, les forces motrices, vives et mortes, le rapport du diamètre du soleil à son diamètre horizontal, de la lumière absolue à la lumière interceptée par l'atmosphère, ses conjectures sur les parhélies, les couronnes et l'arc-en-ciel, le mouvement diurne de la terre sur son axe d'occident en orient, la défense de Lisle contre Davall, sa réponse à Hartsoetker, les effets du tonnerre, plusieurs questions d'histoire naturelle, ses Lettres à Cramer sur le son, à l'abbé Bignon sur la mâture des vaisseaux, les nouvelles propriétés du nombre neuf, ses Remarques sur l'inscription du cube dans l'octaèdre et de l'octaèdre dans le cube, ses Mémoires, ses Dissertations sans nombre, qui, depuis 1719 jusqu'à 1771, font presque la matière de l'Histoire de l'Académie des Sciences.

Je succombe sous le poids de ces découvertes, de ces palmes innombrables qu'il a cueillies, de ces services importans rendus à la science ; il m'est impossible d'énumérer tous ses systèmes ; lui, il eut le temps de les pressentir, de les enfanter, de les conduire à leur perfection, de répandre partout la lumière, d'expliquer ce qu'il y a de plus inintelligible, d'éclaircir ce qu'il y a de plus ténébreux, de conquérir ou de propager la plupart des connaissances humaines, de parcourir les régions les plus élevées de la physique, de faire avancer à grands pas la géométrie, l'astronomie, de porter partout la lumière et l'évidence. Quels travaux ne supposent point une si longue vie toute consacrée à la science, cette opiniâtreté à vaincre tant de difficultés, cette noble ambition de pénétrer et de connaître tout, ce désir insatiable d'enrichir de nouvelles découvertes le monde savant; enfin, les conquêtes multipliées de son génie!

A tous ces titres de gloire scientifique, ajoutez le titre de grand écrivain, de grand peintre de la nature, de grand orateur, dont le style, dans une si grande diversité de sujets, est beau, varié, riche, abondant, grand et harmonieux; le titre de digne panégyriste de tant de savans célèbres, d'historien élégant de l'Académie des Sciences, de correspondant des Chinois, d'interprète éloquent des pierres antiques, de commentateur poétique des fables du mont Olympe; réunissez tous ces monumens de sa science et de son éloquence, vous aurez encore une idée bien au-dessous de la gloire et de la célébrité de Mairan.

Ne peut-on pas dire de lui, ce que Fontenelle

dit de Leibnitz : Du seul Mairan, nous pouvons faire plusieurs savans? Peut-on lui refuser ce qu'il disait lui-même de l'Abbé Bignon : Le département de l'esprit et du savoir lui est échu en partage du consentement unanime des nations? Ne pouvons-nous pas lui appliquer ce que l'on a dit de Fontenelle : Cet homme qui vécut près d'un siècle, et *qui valut lui seul deux siècles*, par les progrès étonnans qu'il fit faire à la science, par l'universalité de ses connaissances, par ses brillantes découvertes, par ses tentatives hardies et ses résultats admirables? Mairan commença à briller vers la fin du règne de Louis-le-Grand, jeta le plus vif éclat pendant la régence, et fut le plus bel ornement du règne de Louis XV. Et dans ces trois époques fertiles en grands hommes, en savans distingués, en écrivains supérieurs, non-seulement il brilla parmi les plus célèbres, mais il s'éleva à une hauteur, à une gloire, où la plupart d'entre eux ne purent atteindre.

Faut-il que ces hommes d'élite, ces savans distingués, meurent et partagent la destinée commune? Que de merveilles découvrirait encore leur génie, si Dieu prolongeait leur existence sur la terre! Faut-il que ces brillans flambeaux s'éteignent, que ces astres qui ont éclairé leur siècle disparaissent, après avoir jeté tant d'éclat et de si vives lumières? Mairan devait aussi subir cette destinée.

Agé de 93 ans, il aurait pu pousser plus loin sa carrière, sans un rhume qu'il prit en allant dîner chez le prince de Conti, au mois de janvier 1771, et qui dégénéra en fluxion de poitrine. Grimm attribue cette indisposition à un sentiment de sensibilité et de compassion qui fait honneur au cœur de Mairan.

« Le jour fatal où il devait dîner au Temple chez M. le prince de Conti, il eut pitié de ses porteurs ; il ne voulut pas qu'ils fissent, par un temps aussi rigoureux, une course aussi considérable que celle du Louvre au Temple. Il se mit dans un fiacre, qui ne put le mener qu'à la porte du Temple ; il fallut traverser les cours à pied : il prit du froid, et rentra chez lui pour n'en plus sortir. Jusqu'à ce moment, il était sorti tous les jours de la vie, et tous les jours il remontait les 96 ou 100 marches du grand escalier du Louvre, pour rentrer chez lui. Il vivait dans la bonne compagnie de Paris, généralement estimé, honoré, considéré ; il dînait presque tous les jours en ville, passait l'après-midi à faire des visites, et rentrait le soir dans son asile littéraire (1). »

Mairan vit arriver la mort avec une fermeté héroïque. Au premier bruit de sa maladie, le monde savant s'ébranle ; les membres des deux académies viennent le visiter pour rendre hommage à son mérite, et pour remplir les devoirs d'une amitié bien méritée. Ces deux Sociétés illustres calculent déjà la perte immense qu'elles vont faire. Ses nom-

(1) Grimm; *Correspondance*, 1771, pag. 423.

breux amis peuvent l'interroger, le consulter ; car sa tête respectée par les années, l'est aussi par la maladie jusqu'au dernier moment. Il conserve jusqu'à la fin la précision, la netteté, la présence d'esprit, ainsi que l'usage intact de ses sens. Tous recueillent avec un saint respect ses paroles et les dernières lueurs de ce flambeau qui va s'éteindre ; tous sont frappés de sa fermeté d'âme, de son amour, de son enthousiasme pour les sciences qui brille avec plus d'éclat aux approches de la mort. Tous croient assister au banquet de Platon, entendre Socrate, sur le point de mourir, philosophant avec ses amis.

Mairan, en s'acquittant de ce qu'il doit à la science, aux lettres, à l'amitié, n'oublie point ce qu'il doit à la religion. Il ne partage point les sentimens des incrédules de cette époque. Après avoir rempli tous ses devoirs de chrétien (1) et montré à tous les siècles que la religion, bien loin d'exclure la science, en est la vraie source et la compagne inséparable, il mourut au Louvre, le 20 février 1771 ; et les deux Sociétés les plus savantes de l'Europe perdirent le plus utile, le plus illustre et le plus cher de leurs membres ; le monde savant, une de ses plus brillantes lumières ; la littérature, son digne représentant ; et Béziers, le plus grand, le plus célèbre de ses enfans, celui qui devait répandre sur sa patrie une gloire immortelle, celui qu'elle montrera avec

(1) Voyez la note III.

orgueil à tous les siècles, à toutes les nations, à tous les savans, à tous les génies supérieurs et transcendans.

Sa mort fut tranquille et douce comme le système entier de sa vie. Il est mort comme il a vécu, avec tranquillité et sagesse (1). Il a fourni une longue carrière exempte du trouble que les vices entraînent après eux, toujours occupé d'ouvrages utiles, et est mort couvert de la gloire la plus éclatante et la mieux méritée (2).

Ainsi mourut Jean-Jacques d'Ortous de Mairan, de l'Académie Française, ancien secrétaire de l'Académie des sciences, membre de la Société royale de Londres, de l'Académie impériale de Pétersbourg, de l'Institut de Bologne, des Sociétés royales d'Édimbourg et d'Upsal, et des Académies de Béziers, de Bordeaux, de Rouen, etc....

Quel modèle nous offre une vie si belle, si admirable, toute consacrée à la science! Quoi de plus propre à exciter notre ardeur, à élever la pensée, à enflammer le génie, que le souvenir de ses travaux, et cette célébrité que lui décernèrent l'Europe entière et ses contemporains, et qu'admireront tous les siècles! Quel citoyen mérita mieux de sa patrie? Qui jamais eut plus de droits à des distinctions glorieuses? Nous appelons de tous nos vœux le moment où il

(1) Grimm, à l'endroit déjà cité.

(2) Grandjean de Fouchi; *Hist. de l'Acad.*, 1771, pag. 104.

nous sera permis de saluer dans nos places publiques la statue de ce grand homme, afin de montrer, à tous les étrangers qui viendront dans notre ville, la science et l'éloquence, le génie et la vertu réunis dans la personne de Mairan (1).

(1) *Voy.* la note IV.

FIN.

NOTES.

Note première. — Voltaire, dit La Harpe, n'a jamais fait grâce à ce qu'il y avait de vicieux dans la manière d'écrire propre à ce philosophe bel esprit. Elle consiste surtout à tempérer le sérieux de la raison par une espèce de badinage, d'autant plus agréable qu'il est imprévu, et la finesse des pensées par des tournures familières. Voilà le bien, et en cela Fontenelle est original. L'abus consiste en ce que cette finesse est trop souvent plus près de la subtilité que de la justesse (car en cherchant l'une on s'éloigne de l'autre), et que ces expressions badines et communes deviennent parfois un vrai cailletage..... On sait que les grâces, chez Fontenelle, ont trop souvent une parure qui semble moins de leur choix que du goût de l'auteur. (*Cours de Littérat.*, tom. 14, pag. 28.

Note deuxième. — C'est une cornaline à peu près circulaire, d'environ 7 lignes de diamètre dans un sens et de 6 lignes 1/2 dans l'autre. Une grande étoile à six rayons en occupe le centre. L'un de ces rayons différent des cinq autres, plus large, haché de divers traits, nous indique visiblement une comète, dont le noyau est aussi bien marqué par le petit globe en bas-relief qu'en donne l'empreinte au point de concours des six rayons. Les trois animaux qui l'entourent, le bélier, le taureau et le lion, n'y expriment pas moins visiblement ces trois signes du zodiaque, figurés à l'antique, tels qu'on les retrouve dans plusieurs monumens de cette espèce, et notamment sur la grande cornaline du roi, où tout le zodiaque est représenté autour de Jupiter assis sur l'Olympe. Aussi, diffèrent-ils à bien des égards, et surtout par leurs attitudes, de ceux qu'on peint aujourd'hui dans nos cartes célestes et sur nos globes. Du reste, ces trois animaux sont disposés ici, de manière que, si l'on menait une droite par le milieu de leurs corps pris selon leur longueur, il en résulterait un triangle approchant de l'équilatéral. Il est enfin à remarquer que le rayon haché ou chevelu de l'étoile est dirigé vers la crinière et la poitrine du lion.

NOTE TROISIÈME. — Mad. Geoffrin, à sa prière, l'assista à ses derniers momens, lui fit recevoir les sacremens, et présida à tout. Il l'institua sa légataire universelle. Cette femme célèbre était la bienfaitrice des savans de cette époque. Plusieurs de ces écrivains ont loué ses vertus rares, les qualités de son esprit et de son cœur. Nous avons trois écrits composés à la mémoire de cette femme recommandable. Le premier est de Thomas; il a pour épigraphe : *Nulli flebilior quam mihi.* L'Abbé Morellet est l'auteur du second, intitulé : *Portrait de Me Geoffrin*, il a pour épigraphe : *Quid virtus et quid sapientia possit utile proposuit nobis exemplar.* Le troisième est une lettre de d'Alembert au marquis de Condorcet sur Mad. Geoffrin. Ces trois illustres écrivains célèbrent à l'envi les vertus touchantes de leur bienfaitrice, sa charité, sa passion à donner, qu'elle appelait sa passion donnante; les larmes sincères, les regrets touchans qu'ils donnent à sa perte, prouvent combien cette femme était remarquable.

NOTE QUATRIÈME. — Pourquoi ne partagerait-il point cet honneur avec Riquet? Nous ne voulons rien enlever à la gloire de ce bienfaiteur de notre ville, mais Mairan mérite-t-il moins de reconnaissance et d'amour? Voudrait-on comparer les services de ces deux grands hommes? En quoi Mairan le cède-t-il à ce concitoyen illustre? L'un a procuré à sa patrie la richesse, le commerce, l'industrie, et l'autre nous apporte les sciences, tout ce que les lettres ont de plus beau, de plus ravissant, tous les trésors de la physique, de l'astronomie, de la géométrie. L'un a conduit les eaux au pied de nos murs, a ouvert un chemin à nos productions, aux objets de nos spéculations; et l'autre nous désaltère dans les sources fécondes intarissables de son génie : l'un arrose nos campagnes, fertilise nos terres; et l'autre féconde nos intelligences. Le nom de Riquet sera célèbre dans le midi de la France, et le nom de Mairan dans tout l'univers, dans toutes les écoles savantes. L'un sera béni dans nos campagnes, dans nos ports; et l'autre sera loué dans toutes les Académies, fera le plus bel ornement des bibliothèques, l'admiration de tous les savans et de tous les siècles L'un a porté la gloire de Béziers dans un coin de la France; et l'autre l'a portée par ses écrits sur tous les points du monde. Partout on saura que Béziers a enfanté Mairan; partout on fera hommage à notre ville de sa science, de ses brillantes découvertes. Cette ville peut périr, mais la gloire qui lui vient de Mairan est impérissable; elle vivra autant que ses écrits, c'est-à-dire toujours. Les grandes cités ont préféré dans tous les temps la splendeur qui leur vient de leurs écrivains et des beaux génies à l'éclat des armes et des conquêtes; elles ont présenté dans tous les siècles leur nom comme leur plus beau titre de gloire. Ainsi, le nom de Mairan et ses écrits suffiront pour immortaliser sa patrie. Réservons donc, pour ce grand homme, une partie de notre amour et de notre reconnaissance; honorons la science et le génie.

FIN DES NOTES.

www.ingramcontent.com/pod-product-compliance
Lightning Source LLC
LaVergne TN
LVHW020424230826
846091LV00004B/1404

* 9 7 8 2 0 1 2 4 6 3 4 1 7 *